Les Epitres Pastorales

Dr Christopher Palmer

WIPF & STOCK · Eugene, Oregon

Wipf and Stock Publishers
199 W 8th Ave, Suite 3
Eugene, OR 97401

Les Epitres Pastorales
By Palmer, Christopher
Copyright©2016 Apostolos
ISBN 13: 978-1-5326-6970-5
Publication date 9/23/2018
Previously published by Apostolos, 2016

Les épitres pastorales – les grandes lignes

Par le Docteur Chris Palmer OMS UK

Description

Dans ce cours, nous allons étudier les trois épitres du Nouveau Testament qui sont attribuées à l'apôtre Paul, et qui s'appellent les épitres pastorales … c'est à dire 1 & 2 Timothée et l'épitre à Tite. Le but de ces études c'est de mettre l'étudiant au courant des controverses et des questions en ce qui concerne l'identité de l'auteur, la date de l'épitre, et l'importance de ces trois épitres, ainsi que de permettre une échange de réflexions sur les principes de la théologie de l'église primitive, leur mise en application et la question de l'autorité.

On va concentrer surtout sur la pratique et la politique de l'église afin d'appliquer ces principes à l'église du 21ième siècle. Le but fondamental de ce cours c'est d'équiper l'étudiant avec une connaissance approfondie de l'œuvre du ministre chrétien en dirigeant l'église de Dieu.

Ce cours était à l'origine enseigné comme des cours magistraux et comme des séminaires dans un Institut Biblique de l'OMS.

Les Grandes Lignes

Journée 1	Introduire les épitres pastorales – l'auteur, la date, les destinateurs, son but, sa théologie de base.
Journée 2	1 Timothée – le ministère de l'église locale, son gestion.
Journée 3	Tite: l'espérance de l'évangile ; le message central pour l'église.
Journée 4	2 Timothée: les dernières paroles de Paul, la défense de la foi dans les jours difficiles.
Journée 5	L'unité théologique? Des séminaires pour les étudiants sur la théologie des épitres pastorales.

L'Examen

Ce cours sera examiné sur les bases des présentations de classe, une dissertation, et un projet de recherche. Les étudiants écriront une composition sur le sujet suivant...

Considérer l'approche des épitres pastorales vers une des thèmes suivants:

La christologie ; la pneumatologie ; la direction de l'église ; la vie chrétienne ; la mission de l'église ; l'autorité des saintes écritures.

Les étudiants prépareront de plus un projet de recherche en ce qui concerne l'approche de leur église locale vers la question d'être disciple.

Créer un plan pour un cours de disciple à employer dans une église locale. Il vous faut considérer les suivants...

1. Qu'est-ce qu'un disciple?
2. La nécessité d'être disciple.
3. Les éléments d'un disciple authentique.
4. Les grandes lignes des thèmes majeurs que vous développerez dans le contexte d'une église locale.

Projet de Classe

Le dernier jour du cours, il y aura des séminaires dirigés par les étudiants pendant lesquels ces derniers révéleront les résultats de leurs recherches au sujet des plusieurs grands thèmes théologiques abordés dans les épitres pastorales. La classe sera divisée en groupes, et chacun d'entre eux sera assigné un thème théologique à étudier. Il faut que vous profitiez de cette semaine pour étudier ces épitres, et qu'alors vous présentiez un rapport à la classe entière le dernier jour, avec y compris un résumé écrit. Il sera important d'ailleurs que vous trouviez quels sont les liens entre l'enseignement des épitres pastorales et les autres épitres du Nouveau Testament.

Groupe 1	Le salut et la christologie	1 Tim. 1:15; 2:4–6; 2 Tim. 1:9–10; 2:8–13; Tite 2:11–14; 3:4–7; Christologie: 1 Tim.6:14; 2 Tim.1:10; 4:1, 8; Tite 2:11, 13; 3:4.
Groupe 2	L'Evangile et la mission	1 Tim.1:10; 2 Tim. 4:3; Tite 1:9; 2 Tim. 2:15, 18; 1 Tim. 2:1–7; 2:5–6; Tite 1:1–3; 1 Tim. 3:7; 5:14; 6:1; Tite 2:5, 9; 3:2, 8.
Groupe 3	Le Saint Esprit	1 Tim. 3:16; 4:1; 2 Tim. 1:7, 14; Tite 3:5.
Groupe 4	La direction de l'église	1 Tim. 3:15; 1:4; 3:4–5; Tite 1:7; 2:2–3:2; 2 Tim. 1:8; 2:3; 4:5. 1 Tim. 4:6–16; 6:12–14; 2 Tim. 1:6–14; 3:10–17; 4:1–5.
Groupe 5	L'autorité des écritures	2 Tim. 3:16; 4:4; 1 Tim. 5:18–19; 2 Tim. 2:19, 1 Tim. 2:8, Tite 2:14.
Groupe 6	Mon comportement personnel	1 Tim. 2:2, 9; 4:12–16; 6:6–11; 2 Tim.1:5; 2 Tim. 2:2–6, 21–26; Tite 2:11–14

La structure du projet:

1. Introduction – quel thème avez-vous choisi?
2. Définir votre sujet.
3. Examiner les textes à ce sujet qui se trouvent dans les épitres pastorales.
4. Faire les renvois des autres textes dans la Bible.
5. Conclusions : pourquoi ce sujet s'avère si important, et quelle est son importance pour aujourd'hui?

Contents

Les Epitres Pastorales: Une Introduction

"Veille sur toi-même et sur ton enseignement; persévère dans ces choses, car, en agissant ainsi tu te sauveras toi-même, et tu sauveras ceux qui t'écoutent » (1 Timothée 4.16)

On pourrait facilement reconnaitre ce verset comme une clé pour comprendre ces trois épitres qui s'appellent les « Epitres pastorales » - 1 & 2 Timothée et Tite ; ce verset révèle le but de l'auteur envers ses lecteurs, à savoir les faire rechercher leur salut personnel au travers l'Evangile, et transmettre cet Evangile aux autres.

Exercice: Lire le psaume 23 tout en réfléchissant sur le rôle du berger - ses devoirs et ses responsabilités. Alors considérer vos pensées au sujet du ministère pastoral à la lumière de ces principes.

Si l'église va s'agrandir, il nous faut saisir les perspectives bibliques par rapport à la structure, le gouvernement, et l'objectif de l'église. Beaucoup d'information à ce sujet se trouve dans ces épitres pastorales. 2 Timothée 3 :16-17 nous en donne le pourquoi. Il nous faut cependant éviter de se servir de ces épitres comme un simple mode d'emploi pour la vie de l'église puisqu'il n'y a pas beaucoup d'instruction sur l'administration et la louange. Au lieu de cela, nous y trouvons de l'enseignement sur les principes bibliques de la gestion de l'église, ainsi que le besoin absolu de baser notre foi et notre vie d'église sur les écritures.

Il y a eu pas mal d'interrogation au sujet de l'identité de l'auteur, de la date des épitres, ceux à qui ils sont adressés, et le but de ces épitres. Pourtant il est évident qu'il y a certains thèmes qui sont communs à tous les trois, à savoir:

1. Le comportement du chrétien.
2. La direction de l'église et la discipline.
3. L'importance de la saine doctrine et l'autorité des écritures.
4. La christologie et la sotériologie.
5. L'évangélisation.
6. Le Saint Esprit.

Question: pourquoi ces choses sont-elles si importantes pour l'église de 21ième siècle?

Le but de ce cours c'est d'examiner chaque épitre individuellement en tant que document de littérature lequel était employé comme point de référence pour la vie d'église pendant le premier siècle. De plus, on va essayer de trouver quels principes nous devrions adopter pour notre vie d'église dans le 21ième siècle.

Dans les épitres pastorales, nous voyons 3 questions principales qui préoccupent l'apôtre Paul:

1. En 1 Timothée c'est le ministère de l'église (1 Tim 2.4)
2. En 2 Timothée les dernières paroles de Paul à l'église (2 Timothée 4.6)
3. En Tite : L'espérance de l'Evangile (Tite 2.13)

« Pastoral » - que veut dire ce mot?

Les Epitres Pastorales

Dans quel sens ces trois épitres sont-elles « pastorales » ?

Le titre « épitres pastorales » a été conçu par D.N Berdot en 1703, puis généralisé par Paul Anton des 1726.

Il est important pourtant à noter que ces épitres ne sont pas simplement des manuels de théologie pastorale. Leur nom permet à l'étudiant de distinguer ces 3 lettres des autres – par ex. Les Evangiles ; les épitres de la prison ; les épitres générales etc.

En fait, les épitres pastorales pourraient être appelées d'une façon plus appropriée les épitres personnelles, et les joindre à l'épitre à Philémon. Ceci parce que ces épitres avaient été destinées à des individus et non pas à l'église en générale, ni à une église locale (comme à l'Ephèse).

Cependant, nous allons nous limiter aux trois épitres pastorales.

Comment ces épitres pourraient-elles être reconnues comme pastorales?

1. Elles ont été écrites à des nouveaux pasteurs, à savoir Timothée et Tite, en train de s'habituer au ministère pastoral, en jeunes hommes inexpérimentés face à un défi énorme (1 Tim 3.15 & Tite 1.5).
2. Elles ont été écrites par un pasteur « par excellence » à savoir Paul qui s'approchait de la fin de son ministère. Paul prend au sérieux son ministère pastoral, et en passant en revue ce ministère, il énumère les bénédictions et les difficultés d'une telle vie (remarquez bien comment Il s'adresse à

Timothée et à Tite comme ses vrais fils (1 Tim 1.2 & Tite 1.4), révélant par cela sa préoccupation pastorale envers les nouveaux convertis).

L'église se trouve dans une situation très importante, et si nous souhaitons aller en avant, alors nous devrions être sérieux aussi par rapport à notre compréhension de la parole de Dieu. Les implications de cette parole sont primordiales pour nous qui ont reçu la responsabilité de donner à manger à ceux qui appartiennent à l'église locale. Le prophète Ezéchiel parle d'une façon poignante au sujet de comment Dieu regarde ceux qui dirigent Son peuple ; Ezéchiel 34 nous donne un avertissement concernant combien sérieux est ce rôle, mais au même temps combien sont les bénédictions lorsque le modèle divin est respecté. Le but suprême de l'église c'est de préparer Son peuple pour l'accomplissement de Tite 2.13 – « attendre la bienheureuse espérance ». Si ce but est vraiment notre objectif et notre désir, alors la vie de l'église devrait être facile. Malheureusement, nous avons tendance à compliquer les choses par nos différends mesquins, et nos propres idées.

Questions:

1. Comment définir le mot « pastoral » ?
2. De quoi a-t-on besoin d'apprendre pour saisir les bases du ministère pastoral?
3. Qui consultez-vous pour le conseil et pour l'aide dans votre ministère?

Des Leçons

Les épitres pastorales contiennent des leçons précieuses pour l'étudiant. C'est une bonne chose pour le pasteur ou dirigeant de lire régulièrement ces lettres puisqu'elles fournissent de l'information, de la direction et du conseil de valeur pour le ministère de l'église locale.

1. Elles nous donnent des aperçus sur la manière de fonctionner de l'église primitive.
2. Elles offrent des choses essentielles par rapport à comment prendre soin des gens dans l'église.
3. Elles nous donnent de la direction sur l'ordre dans l'église.
4. Elles exposent le travail et les qualifications des dirigeants authentiques.
5. Elles glorifient le Seigneur.

Au fur et à mesure d'avancer dans ce cours, on étudiera de près ces principes importantes. Un sujet qui revient souvent dans chacun de ces épitres c'est la situation ecclésiastique – il y avait de la pression de la part de faux enseignants, surtout ceux qui prônaient une type de gnosticisme embryonnaire, l'ascétisme, et ceux qui enseignaient le Judaïsme. Nous aborderont ces questions plus tard.

QUESTION : Quels sont les sujets majeurs dans votre culture du 21ième siècle?

Appliquer la connaissance biblique reçue nous fournit la clé à l'étude théologique bonne. Agrandir notre connaissance ne nous sert à rien à moins que cette connaissance-là soit appliquée dans un contexte particulier. En lisant ces épitres pastorales, faites attention à appliquer la connaissance reçue à votre vie quotidienne, votre situation actuelle et à votre ministère.

L'Auteur, la Date et le But

Pourquoi écrire une lettre ? Il y en a plusieurs possibilités – il se peut qu'on veut dire bonjour à un ami, envoyer de l'information, des nouvelles ou transmettre quelques conseils. En étudiant les épitres pastorales on découvre toutes ces raisons dans la pensée de l'auteur. Traditionnellement, les épitres pastorales ont été attribuées à l'apôtre Paul, et on peut les analyser comme une révélation du cœur de l'apôtre pour l'église, ainsi que pour deux hommes qui prendront sa place dans son ministère dans l'avenir. Il y a eu quelques doutes cependant par rapport à cette hypothèse traditionnelle. Ces doutes ont été provoqués pour la plupart par les difficultés en essayant d'intégrer ces épitres à la structure du livre des Actes. Une solution possible est la suivante...

1. Il est possible que l'apôtre Paul ait écrit ces épitres afin de transmettre ses dernières pensées et son dernier avis à ces deux jeunes hommes entre 63-65. Il est aussi possible que Paul avait écrit ces épitres à Rome pendant son dernier séjour en prison comme constaté en Actes 28. Puisqu'il n'y aucune allusion à certains éléments dans les épitres pastorales en Actes, il existe une autre possibilité – à savoir que Paul était libéré circa 65, avant de voyager jusqu'à l'Espagne, et qu'il avait été arrêté une deuxième fois en 67. C'était donc à ce temps-ci qu'il avait écrit 2 Timothée avant d'être mis à mort en 68. Une structure possible serait donc le suivant:

   58 Paul a été arrêté en Jérusalem.

   61-63 Le premier emprisonnement de Paul à Rome.

   64 Paul libéré ; voyage à l'Espagne et a Crète.

64-67 Paul a écrit 1 Timothée et Tite en Macédoine.

67 Paul a écrit 2 Timothée à Rome après avoir encore été arrêté.

68 Paul a été mis à mort.

S'il n'y avait qu'un seul emprisonnement à Rome, alors il faudrait que toutes ces dates soient reculées afin de faire harmoniser cela avec les Actes. Ainsi Paul aurait écrit toutes les 3 épitres à l'époque des évènements en Actes 28.

2. Il existe une deuxième possibilité – « le Fiction théorie », qui prétend que les épitres ont été écrites par un écrivain anonyme. Cette personne aurait tout simplement mis le nom de Paul à la fin pour en donner de la crédibilité.
3. Puis, il y a « le Fragment théorie ». Cette dernière prétend qu'un autre auteur s'est servi de plusieurs morceaux des écrits de Paul (pas publiés auparavant), et y a ajouté ses propres idées, pour faire grandir les épitres. D'après cette théorie les textes suivant sont considérés comme authentique ; Tite 3.12-15; 2 Tim 4.9-15; 20-21a; 22b; 2 Tim 1.16-18; 3.10-11; 4.1; 2a; 5b-8; 16-19; et 21b-22a. Mais cette théorie ne semble pas très crédible, surtout lorsqu'on se rappelle que 2 Timothée est très personnel, avec des allusions à la famille de Paul. Ces textes sont d'ailleurs des morceaux au hasard sans grands liens l'un à l'autre. Cela aurait été bizarre que quelqu'un avait gardé des tels morceaux. La théorie suppose aussi que le livre des Actes nous présente une histoire complète du ministère de Paul.
4. La « Théorie copiste » prétend que Paul avait employé un secrétaire à écrire ses lettres. Cette théorie fournirait une solution aux différences de style et de langage dans les épitres.
5. On a aussi soulevé la possibilité que Timothée et Tite ont écrit ces épitres sur la base de leurs souvenirs de l'enseignement verbal de Paul, et qu'ils les avaient adressé à eux-mêmes afin d'augmenter leur crédibilité dans l'église.

D'Autres Objections a Paul Comme Auteur

1. Quelques-uns ont prétendu que la situation dans l'église dépeinte dans ces épitres, s'avère trop avancé, et reflète plutôt le contexte du 2ieme siècle. Cependant ce n'est pas forcément le cas puisque Paul s'efforçait à établir une nouvelle structure par rapport à la gestion de l'église avant sa mort imminente.

2. D'autres ont dit que Paul ne s'intéressait pas au gouvernement de l'église. Mais cet objection se trompe vu l'intérêt dans la gestion de l'église dont il faisait preuve en Actes 20 et les autres épitres.

3. Il y a aussi ceux qui prétendent qu'il n'y avait pas de tradition théologique fixe à transmettre pendant la vie de Paul. Alors – pourquoi se tracasser au sujet de l'organisation de l'église ? Il est évident d'ailleurs que les apôtres y compris Paul, tentaient de construire les bases d'une telle tradition.

Globalement, il n'y a aucune raison à rejeter la conviction historique que Paul était l'auteur de ces épitres :

1. Il y avait un système d'enseignement bien établi pour l'église, agrée par les apôtres (Actes 15).

2. Ce système était en train d'être transmis aux dirigeants de l'église par les apôtres et leurs représentants.

3. Des ordinations étaient en train d'avoir lieu.

4. Il y avait une structure de gouvernement de l'église en train de se former.

5. Paul et les apôtres étaient des architectes ecclésiastiques, qui posaient les fondements pour la croissance future de l'église.

Au fur et à mesure que nous avançons dans ce cours, on va découvrir beaucoup de preuves du fait que Paul avait écrit ces épitres. Il nous faut impérativement lire Actes 20 et la lettre aux Ephésiens au même temps que les épitres pastorales, puisque c'est le même contexte dans lequel Timothée travaillait comme pasteur de l'église à Ephèse. Malheureusement, nous n'avons aucune description de la naissance de l'église en Crète – on trouve la visite de Paul en tant que prisonnier décrit en Actes 27, en route pour Rome. Il n'y a aucune preuve que Paul y avait fondé une église. On peut imaginer qu'il était à ce point-ci que Tite restait en place pour mettre les choses dans l'église en ordre. Il y une dernière possibilité – une période après les évènements racontés en Actes 28, mais pas racontée par Luc. A ce temps-ci, Paul aurait voyage jusqu'à l'Espagne et puis avait retourné à Jérusalem via Crète, tout en établissant une église, et laissant Tite son protège à achever l'œuvre. Suite à tout cela, on a arrêté Paul a nouveau et il a été renvoyé à Rome, où il était confronté par la mort. Beaucoup des ordres donnés à Timothée et à Tite sont privés alors qu'en Actes 20 et la lettre aux Ephésiens, Paul s'adresse à l'église. Tout cela nous indique qu'il y a une différence entre les épitres pastorales et les autres épitres.

Les Hérésies

Il y a un problème qui nous aide à saisir le but des épitres pastorales – celle de l'étendu des hérésies dans l'église primitive.

Qu'est-ce que c'est – l'hérésie?

Le mot grec signifie un « choix ». Dans le Nouveau Testament, le mot a trois significations:

1. Un avis ou une direction adoptée par quelqu'un et manifesté dans la pensée d'une secte ou partie (Actes 5.17; 15.5; 26.5).
2. De la discorde provoquée par des opinions / des factions ou des différends (Gal 5.20; 1 Cor 11.19).
3. Des dérives en ce qui concerne la vérité doctrinale (Tite 3.10; 2 Pierre 2.1; Actes 20.29; Phil 3.2).

Pendant l'ère apostolique, il y avait trois hérésies majeures, et l'apôtre Paul traitait ces hérésies dans ses épitres. Il y en a de même dans les épitres pastorales.

1. Ceux qui enseignaient qu'il fallait devenir juif pour être sauvé. Pour ceux-ci l'Evangile n'était que la loi rendue parfaite. Jésus est un simple prophète. La circoncision était nécessaire dans notre approche à Dieu.
2. Le Gnosticisme. Ces enseignants proposaient une vue « docétique » du Christ. Dans cette philosophie le corps du Christ n'était pas réel…il semblait l'être (grec « dokein »). Les souffrances du Christ sur la croix, n'étaient pas authentiques non plus. Parce que Christ ne pouvait pas souffrir, celui qui est mort à la croix, a dû être quelqu'un séparé. Si la personne divine soit séparée de la personne humaine, alors l'incarnation est sans importance, et le cœur de la foi chrétienne miné. Puisque ces gens regardaient la matière comme mauvaise, ils croyaient que Dieu n'habiterait pas un corps humain (mal). Ils pratiquaient aussi une forme d'ascétisme dur – le mariage n'était pas permise ; plusieurs nourritures étaient interdites. Plus tard les Gnostiques prétendaient qu'il fallait fuir le monde mauvais en recevant une connaissance spéciale (grec « gnosis »).
3. Le syncrétisme était un mélange de la religion juive et la philosophie grecque, qui avait pour résultats des pratiques païennes.

Dans toutes ces hérésies, la chose en jeu était leur rejet de l'incarnation de Christ, et en conséquence la présentation du Christ comme un homme ordinaire ou un « Superman ». Voici quelques-unes des allusions à ce sujet dans les épitres pastorales.

> 1 Tim 1.3-7 les faux doctrines des légendes juives.
> 1 Tim 1.19-20 le naufrage de leur foi.
> 2 Tim 2.17 « qui se sont détournes de la vérité » en ce qui concerne la résurrection.
> 1 Tim 4.1-5 les doctrines de démons, d'aliments et le célibat (voir aussi Col 2.16-22 /Romains 14).
> 1 Tim 6.3-5 ; 20 les controverses, les vaines discussions, les calomnies.
> 2 Tim 2.14 les discours vains.
> 2 Tim 3.5 l'apparence de la piété.
> 2 Tim 4.3 des enseignants d'un message facile.
> Tite 1.10 vains discoureurs de la circoncision.
> Tite 1.14 des fables judaïques.
> Tite 3.9 les discussions folles, les généalogies, la loi.

Pourquoi les hérésies sont-elles si dangereuses?

1. Parce qu'elles sont fausses, et qu'elles trompent ceux qui sont à la recherche de la vérité.
2. Parce qu'elles conduisent les gens dans des directions extrêmes (par ex. l'ascétisme, l'immoralité sexuelle).

Dans ce contexte théologique et philosophique, Timothée et Tite s'efforçaient à bien diriger des communautés chrétiennes. Paul assume le défi à combattre ces hérésies, et au moyen de son enseignement il donne l'aide nécessaire pour ces jeunes pasteurs à lutter contre les faux docteurs. Par cela, les églises s'épanouiraient.

QUESTION: Quels sont les problèmes que vous envisagez de rencontrer dans votre ministère vu les tendances contemporaines dans le monde religieux et laïc?

EXERCISE: Si on vous demandait à écrire a un jeune pasteur, quelles seraient les choses prioritaires que vous voudriez souligner?

Le Cœur De Paul Pour L'Eglise

L'Appel de Paul Vers le Ministère

En s'approchant de la fin de sa vie, Paul s'est rappelle un élément essentiel dans son ministère – l'appel de Dieu (1 Tim 3.12), c'est-à-dire – l'œuvre de Dieu dans la vie de l'apôtre, lequel était dramatique et puissant, mais au même temps très sérieux. Dans le livre des Actes 9.15-16 on lui avait dit qu'il subirait des souffrances. Cela lui est bien arrive (2 Cor 11.23-33). Pourtant, en 1 Cor 15.10, il s'est rendu compte que la grâce de Dieu est le point de départ, la force continue (2Cor 12.9), et la libération finale dans la gloire (Eph 2.5-6). Nous sommes tous appelés à servir dans l'église locale. Et pour Paul, ce service était sa force agissante.

Si on veut savoir ce que pense vraiment quelqu'un d'autre, il faut l'observer lorsqu'ils se trouvent dans une impasse. Paul s'y trouvait ; sa vie était en danger, et donc il prit une dernière opportunité à donner des conseils et à diriger ces jeunes églises dont les dirigeants étaient Timothée et Tite (Ephese et Crète respectivement). N'oubliez pas de lire 1 & 2 Timothée avec Ephésiens, et Actes 20 ou Paul s'adresse à l'église dont Timothée était pasteur.

L'inquiétude de Paul pour l'église trouve un résume en 1 Timothée 4.1. Il est fort important à protéger l'église contre les faux enseignements afin que le peuple de Dieu s'épanouisse, et que l'évangile aura un effet plus profond. En Actes 19 ; 20.17-38 (surtout v 20 & 27-32), Paul ordonne aux anciens a Ephese d'être fidèles à la parole de Dieu, puisque il n'y a pas d'autre source d'aide, d'encouragement ou d'édification.

Quels sont alors les ordres de l'apôtre pour l'église ? Il y en a quatre. Ils sont fondamentaux, et il nous faut les adopter si l'église va bien fonctionner et grandir.

1. **Elever le Seigneur** (1 Tim 1.17 & 3.16). Nous trouvons ici le Dieu que nous servons. En 2 Timothée 1.7-10 le message du salut est révèle, et en Tite 2.11-14 nous découvrons notre destin ultime.
2. **Un comportement correct** (1 Tim 2). Nous trouvons ici la bonne attitude dans la prière. En 1 Tim 2.9-13 et 4.12 -5.25, il souligne l'importance de la sainteté personnelle et un amour collectif. 2 Tim 2.15 nous parle du besoin de diligence dans notre vie quotidienne, tandis que Tite 2.1-10 traite de notre sanctification personnel. Un chrétien doit être une épitre vivante pour Jésus-Christ.

3. **La discipline ecclésiastique** Si l'église va bien fonctionner il faut qu'elle soit bien dirigée ; une direction bien structurée est primordiale, tandis qu'une direction spirituelle et forte soit essentielle.(1 Tim 3.2; 2 Tim 2.3-7; Tite 1.5-9) Je ne veux pas qu'on confonde une direction forte avec des hommes qui soient des dictateurs, mais plutôt qu'il faut des dirigeants qui sont à la fois pieux et ont du discernement spirituel afin de donner une bonne exemple à l'église et au monde.
4. **Enseigner la bonne doctrine** Le but de l'église c'est de défendre la véracité de la parole de Dieu (1 Tim 4.11-16 ; 2 Tim 3.14-17; Tite 2.11-15) Bien que la responsabilité pour cela appartienne aux dirigeants (voir Actes 20.28), tous les croyants y sont impliqués.

Le fardeau de l'apôtre Paul concernant l'église se révèle dans ces quatre secteurs de la vie chrétienne. Ce serait bien si nous pouvons faire attention à ses paroles afin d'être efficace dans l'œuvre de Dieu.

EXERCISE: Réfléchissez-vous à votre appel au ministère / au service chrétienne ; quels sujets pensez-vous être les plus importants à attaquer personnellement et dans le corps de Christ.

1 Timothée: Le Ministère de l'Église Locale

Texte clé : 1 Timothée 3.15

- **Chapitre 1**
  - Salutations & Introduction 1.1-2
  - La bonne doctrine 1.3-11
  - La grâce de Dieu 1.12-17
  - Le bon combat 1.18-20
- **Chapitre 2**
  - La prière pour tous 2.1-7
  - Comment se comporter dans l'église 2.8-15
- **Chapitre 3**
  - Les évêques / anciens 3.1-7
  - Les diacres 3.8-13
  - Le mystère de l'évangile 3.14-16
- **Chapitre 4**
  - La grande apostasie 4.1-5
  - Le bon serviteur 4.6-10
  - Des affaires personnelles 4.11-16
- **Chapitre 5**
  - Les membres de l'église 5.1-16
  - Les dirigeants 5.17-25
- **Chapitre 6**
  - Honorer les patrons 6.1-2
  - Les erreurs et la convoitise 6.3-10
  - Une bonne confession 6.11-16
  - Les riches 6.17-19
  - Défendre la foi 6.20-21

Introduction

« Si je tarde, tu sauras comment il faut se conduire dans la maison de Dieu, qui est l'église du Dieu vivant, la colonne et l'appui de la vérité » (1 Tim 3.15).

- C'est une lettre riche, rédigée en termes très personnelles, qui a pour but aider le jeune pasteur Timothée afin qu'il puisse réaliser son ministère. C'est un encouragement personnel de la part de Paul adressé a un jeune homme en train de faire les premiers pas en dirigeant l'église.

- C'est de la lecture exigée pour tout jeune chrétien, surtout pour ceux qui travaillent à plein temps dans l'église. Timothée s'est converti en l'année 50, environ, et il avait passé 12 années voyageant avec Paul. On peut regarder 1 Timothée comme un résumé écrit des conseils transmis par Paul de vive voix, pendant leurs voyages ensemble. Nous avons dans cette épitre des ordres qui ont à faire avec l'ère postapostolique.

- Timothée était le pasteur de l'église à Ephese (1 Tim 1.3) laquelle avait été établie par Paul lors de son troisième voyage missionnaire (Actes 18.19) en 53-57. Actes 20.1-38 aide l'étudiant comprendre les épitres pastorales parce que c'est ici que Paul avait reçu des conseils pour ceux qui dirigeaient l'œuvre à Ephese.

- Le tache de Timothée était à annoncer l'évangile, et enseigner la bonne doctrine (1.5; 4.11-16).

- Il est évident que Timothée était confronté par plusieurs problèmes à Ephese, et que l'apôtre avait envie de l'aider.

- Timothée était quelqu'un qu'il nous faut imiter, surtout par rapport à son courage et sa fidélité dans l'œuvre de Dieu.

- Traditionnellement on considère que l'épitre avait été écrite c.62-63 ; peut-être plus tard, soit en route vers Rome, soit en prison à Rome. Beaucoup du débat se concentre sur si Paul avait été libère de sa première captivité à Rome.

Les Grandes Lignes

1. L'encouragement contre les faux docteurs (1.3-7; 18-20; 6.3-5; 20-21).
2. Paul donne à Timothée ses « lettres de créance »
3. Paul donne des ordres pour la vie d'église.
4. Il exhorte à la diligence (4.6–6.2).

Sa Théologie De Base

- Le pèche, la christologie, la sotériologie, l'ecclésiologie – ce sont tous les sujets primordiaux pour un pasteur qui veut maintenir l'équilibre dans l'église.

- Il semble que les problèmes principaux auxquels Timothée faisait face étaient le gnosticisme naissant, et le judaïsme. Bien qu'il soit important à le reconnaitre, il nous faut nous concentrer sur la solution – 1.8-11; 15; 18; 2.5-6; 3.16; 4.6-7; 6.3-13; 17.

Ephese

Pour mieux saisir les paroles de Paul et les problèmes de Timothée, il faut une courte introduction à Ephese. Ephese était une ville importante dans l'empire romain, située près des routes de commerce. C'était la ville capitale d'Asie, dotée d'un port, lequel contribuait à porter ses fruits par rapport à sa croissance et a son importance. Comme ville capitale elle se jouait d'une prééminence dans les secteurs financiers, économiques et religieux. Le culte de Diane ou Artémis fut le plus important (voir Actes 19). Le temple de Diane était classe comme une des merveilles du monde ; ce culte était idolâtre, et avait à faire avec la magie. Diane était considérée comme la mère déesse indiquée par le nombre des seins sur sa statue. Un chasseur ainsi qu'une gardienne de jeunes vierges, son culte rapportait des bénéfiques énormes pour les orfèvres de la ville. Timothée faisait face donc aux défis nombreux – la politique romaine, la fausse religion, une déesse, et la magie noire.

1 Timothée 1

Il est important d'examiner le rôle du pasteur comme exposé dans les épitres pastorales. Il y a d'autres sujets traire dans ces épitres qui ont une importance pour toute l'église.

vv 1-2 : Paul se jouait d'une bonne relation avec Timothée ; Le livre des Actes nous montrent que Timothée accompagnait Paul lors de ses voyages missionnaires. Ici Paul le décrit comme son « fils dans la foi ». Il est probable que ce titre est une allusion à sa conversion par le moyen de Paul (Actes 16.1-3). Nous avons tous des responsabilités pour ceux qui sont influences par nous. Paul avait envie de transmettre des conseils au jeune homme qu'il considérait comme son « fils spirituel ». Il est essentiel que nous évitions toute idée que nous savons toutes choses; il faut de plus que nous cherchons du conseil pieux auprès de ceux pour qui nous avons du respect.

vv 3-11 Garde a des faux enseignants ! Le cœur d'un vrai pasteur se révèle ici au travers de son inquiétude pour la protection de l'assemblée qu'il mène. Le pasteur est comme un berger avec son troupeau. Mais comment déceler la fausse doctrine ? La solution la plus sure c'est qu'on est certaine de la véracité des écritures saints, et de leur théologie. Là où le pasteur connait la vérité, il peut la transmettre à l'église. Par cela, tous dans l'assemblée peuvent déceler ce qui est faux. Le pasteur doit...

1. Connaitre la véritable.
2. Prier d'être dirige par Dieu.
3. Se rappeler qu'il a des responsabilités vers lui-même et d'autres.
4. Ne jamais enseigner pour obtenir de l'argent.

v 5 Qu'est-ce que la bonne mobile en travaillant pour Dieu ? L'amour ! Si nous sommes concentres dans notre ministère a l'amour de Dieu comme exprime dans Sa parole, nous serons béni. Paul le souligne en 1 Cor 13 – le célèbre chapitre de l'amour. C'est dommage que ce chapitre soit trop souvent réservé pour les mariages et les obsèques. Pourtant ce passage contient un grand aide pour comprendre l'amour et ses effets.

v 11 L'évangile est l'évangile de la gloire du Dieu béni – cet évangile appartient à Dieu ... de même la mission est à lui tout comme l'amour (2 Cor 4.4-6). Il faut absolument se rappeler que le message entier n'est pas centre sur nous, mais sur Lui ! Le pasteur ne doit jamais être centre sur lui-même, mais quelqu'un dont le rôle suprême c'est de prendre soin de ceux à l'intérieure et a l'extérieure de l'église v 12 Pourquoi sommes-nous là? Prenez quelques instants pour examiner cette question, ainsi que vos mobiles en assistant à une école biblique, ou en remplissant votre fonction actuelle dans l'église. Paul se rappelle dans ce verset sa vocation. Malgré toutes les difficultés auxquels il a dû faire face, il reste reconnaissant envers Dieu de l'avoir sélectionné comme porteur de la bonne nouvelle de l'évangile. Il y aura des périodes de souffrances dans votre expérience – des doutes, des craintes ; de la critique, des questions, et même le désespoir. Cependant il vous faut se rappeler dans des tels instants celui qui vous a appelé – Le Seigneur / le « kurios », l'autorité suprême!

Est-ce que êtes reconnaissant que Dieu vous a choisi à Le servir dans Son œuvre?

Si vous allez servir selon les projets de Dieu, il vous faudra

1. La puissance de Dieu.
2. Travailler dur.
3. Dieu comme votre but.

v 17 Voici une image du Dieu que nous servons. Ça s'appelle une « doxologie » - un chant de louange au Dieu que nous connaissons et que nous servons. Dans ce texte, nous apercevons que Dieu est:

1. Le roi.
2. Eternel.
3. Immortel.
4. Invisible.
5. Sage / Omniscient.

(voir Apo 15.3; Rom 1.23; Col 1.15; Rom 16.27).

La discipline dans l'église

v.20 Etre livré à Satan signifie d'être exclu de l'église et abandonné au royaume de Satan (le monde au dehors de l'église) ou séparé de l'église afin d'apprendre une leçon, et comprendre que Dieu peut le pardonner. La discipline est très important pour le pasteur/ dirigeant – notre manière de l'exercer peut affecter tout le corps de Christ. Il faut donc être ferme, juste et biblique.

Contrôle de Qualité

Comment les dirigeants devraient-ils exercer la discipline?

Il y aura des occasions ou vous serez obligé de traiter des choses graves telles que l'immoralité sexuelle ou des irrégularités financières. Il est important que vous les traitiez d'une manière biblique. La Bible a des principes clairs pour s'en occuper.

La discipline dans la communauté est très importante, et chaque église devrait avoir en place une procédure laquelle faite partie de la constitution de l'église. Tous les membres devraient le connaitre.

Quelle Structure Pour la Discipline?
1. Frère à frère (Matt 5.22-24 ; 1 Cor 5-6).
2. Deux ou trois témoins lui en parlera (Matt 18.15-16).
3. Le pasteur / les anciens lui en parlent (Matt 18.17 ; 1 Tim 1.20 ; 1 Cor 11).
4. Si le coupable ne se repent pas...l'excommunication (Matt 18.17 ; 1 Tim 1.20; 3 Jean 9).
5. Quelle grâce lui devrait-il manifester s'il se repent? (Jacques 5.19-20).

(voir Ezra 10.1-18; Jean 9.22 & 34; 2 Thés 3.6-15; Tite 3.10-11; 1 Tim 5.20; 1 Cor 11.30; Apo 2.20-22).

Des Affaires Graves

Les affaires graves seront peut-être rares, mais il faut que personne n'impose ses propres idées sur les choses secondaires, et par cela faire partir la joie dans l'église. La discipline la plus importante est exercée au travers l'enseignement et la prédication laquelle permet le Saint-Esprit à travailler dans les vies des membres de l'église, afin de les changer. Les ordres mesquins peuvent s'avérer négatifs.

Cet aspect de la vie de l'église a besoin d'être traite avec du respect; il ne faut pas en parler ouvertement lorsque les vies des autres sont en jeu – il nous faut fuir le commérage. Nous avons besoin du discernement en vue des problèmes suscités par un esprit de jugement (Matt 7.3 et ainsi de suite) (voir aussi 1 Cor 4.5; 6.1; 1 Pierre 4.15; Eph 4.32; Gal 6.1).

Soyez prêt à agir, mais ne cherchez pas des problèmes!

Questions

1. Quels problèmes peuvent surgir dans l'église lesquels demande une intervention disciplinaire ?

2. Discuter de quelle manière un dirigeant pourrait-il s'occuper de:

   - l'immoralité sexuelle?

   - l'abus corporel?

   - du commérage malicieux?

   - Des critiques ouverts des dirigeants?

1 Timothée 2 : Une Attitude de Prière

La prière est un aspect vital dans l'expérience chrétienne. Sans elle, le chrétien perd le contact avec Dieu, et par conséquence de la direction dans son ministère. (Matt 6.5-15) Le pasteur doit être un homme de prière. Je me souviens d'un serviteur expérimenté qui m'avait confié.. « Si vous voulez être éminente dans quelque chose, soyez-le dans la prière »

v1-8 Voici l'appel urgent à la prière de la part de tout chrétien, et surtout le pasteur. « Exhorter » signifie « pousser » ou « invoquer ». L'apôtre veut absolument que Timothée fasse attention au sujet de la prière – personne parmi nous ne peut pas laisser de côté la prière.

N'importe qui nous sommes, quoique nous fassions, quel que soit notre connaissance, il nous est impossible de nous avancer sans la prière.

La Prière- Qu'est-ce Que C'est?

- Des supplications (des requêtes précises pour des besoins spécifiques).

- Des prières (un mot généralise pour la confession et l'adoration).

- Les pétitions et les intercessions (des prières en faveur des autres).

- Des actions de grâce (des prières de louange).

Pourquoi Prier?

Il y en a deux raisons

1. Prier favorise notre croissance, notre direction et notre aide (Matt 6.6; 7.7-12).
2. Prier fait du bien aux autres (Eph 1.15-18; 3.14-21).

Dans ses épitres, Paul parle beaucoup de la prière. Nous avons besoin d'équilibre dans nos prières. La Bible est un livre équilibre, et il nous faut éviter de tomber dans la piège d'une perte d'équilibre. Il y a danger même dans la prière de devenir déséquilibre. Essayer de ne pas être emporte par une seule doctrine, mais étudiez toute la Bible (Actes 20.20).

Quelques Raisons Pour Prier

V2 : La paix sociale et politique.

V3 : Le salut des autres.

V4 : Participer dans les désirs du cœur de Dieu.

V5 Il existe un médiateur par qui nous pouvons nous approcher de Dieu – à savoir, Jésus ; c'est Lui qui fait office du point de contact entre Dieu et l'humanité afin que nous puissions participer à l'œuvre de l'évangile (Héb 7.25).

Mettez-vous en groupes et examiner ces références a la prière dans les écrits de Paul ; établissez en chaque cas où et pourquoi la prière soit nécessaire:

Philippians 4.6-7; Col 1.3; 4.2-6; Eph 1.15-23; 6.18-19; 1 Thess 5.17; Luc 11.1-4; Matt 6.5-8.

Exercice: écrivez une prière pour votre pays qui couvre tous ces soucis.

L'Appel Suprême DU Croyant
V7. Montrer aux gens les chemins qui mènent au Seigneur Jésus Christ, Le pasteur doit se donner à l'enseignement et a la prédication, sans oublier l'importance de foi et de vérité

La Bonne Attitude et le Bon Comportement
V8 Il incombe au croyant d'avoir des mains pures. Ça veut dire :

i. Une vie pure – quels sont les effets de la sainteté ? Combien d'importance mettons-nous dur la pureté de cœur et de vie ? La tentation fait parties de l'expérience chrétienne – gardez-vous surtout dans ce qui concerne la tentation sexuelle, financière et les attraits du pouvoir.

ii. Pas de disputes ! les disputes et les divisions sont capables de nuire à l'œuvre de l'évangile ainsi que l'efficacité de nos prières. L'unité est un principe clé qu'il nous faut soutenir dans l'église locale – l'exemple des dirigeants est primordial.

iii. L'humilité (v9).

iv. Des bonnes œuvres (v10).

v. Apte à apprendre (v11).

vi. Du respect (v12-14).

Le Nouveau Testament parle beaucoup du rôle des femmes. Paul parle ici de leur rôle dans l'assemblée locale. C'est un sujet épineux dans le monde évangélique d'aujourd'hui – il y a ceux qui interdisent toute présence des femmes dans les ministères de l'église, tandis qu'il y a des autres qui les accueillent dans tous les ministères. Il faut que les hommes n'abusent pas de leur autorité. De plus il faut se rappeler que l'évangile chrétien était un message radical pour les femmes en leur permettant même à apprendre, dans une culture qui l'interdisait.

Le caractère particulier d'Ephese doit être pris en compte dans ce débat ; la déesse Diane fut au centre de la vie religieuse en Ephese, et ce fait-là avait surement des effets sur le rôle accordé aux femmes dans la société Ephésienne. Paul traitait au même temps avec un élément nombreux de juifs dans l'église – un groupe pour qui des femmes responsables dans l'église auraient été opposée à leur culture. Il nous faut interpréter l'enseignement de Paul ce sujet en Ephese à la lumière des autres allusions aux femmes très influentes dans l'église primitive. Actes 18.24-28 nous montre le ministère d'enseignement de Priscille ; Romains 16.3-5 la décrit comme une collaboratrice de Paul ; 1 Cor 16.19 parle de Priscille comme une responsable d'une église avec son mari. Romains 16.1 parle du rôle clé que jouait Phoebe – elle servait l'église de plusieurs façons. Il est très probable qu'une certaine Junias recommandée par Paul, fut une femme. Il n'est pas sans importance non plus qu'il y a eu des femmes dirigeantes dans l'Ancien Testament telles que Deborah (Juges 4.4), Cette dernière était un juge et prophétesse en Israël. Moi, je considère qu'il est temps de réévaluer le rôle des femmes dans l'église; le salut et l'œuvre du Saint Esprit ne sont pas limités par notre genre. L'église primitive agréait des ministres, serviteurs, et enseignements. Il peut être le moment que le sujet soit être réexaminé d'une nouvelle manière, et non pas à travers des traditions patriarcales.

Le débat à ce sujet continu à faire rage. Mais les idées sont profondément affectées par notre culture

Discussion

Quel est votre avis / conviction sur le rôle des femmes dans le ministère, surtout comme pasteurs ?

1 Timothée 3 : Leadership

EXERCISE: Lire Actes 20.17-38 – sur la base du discours aux anciens Ephésiens, quelles choses apprenons-nous du modelé que Paul établit pour la direction de l'église ? Lire aussi le psaume 23 & Ezéchiel 34 afin de créer une base plus large pour ce sujet.

Le gouvernement de l'église se trouve parmi les aspects les plus controverses devant un pasteur. Un mauvais choix dans ce domaine peut avoir des effets néfastes. Cependant un bon choix peut faciliter le travail du pasteur, et mène a des bénédictions dans l'assemblée. Dans ce chapitre, l'auteur expose des conseils pour le gouvernement de l'église, ainsi que les qualités requises pour tout dirigeant potentiel. En assumant le rôle de dirigeant, faites en sorte que vous avez autour de vous un groupe composé des gens spirituels, qui sont capables d'aider avec le ministère, et rendre plus supportable quelques-unes des pressions auxquelles vous devrez faire face.

V1 Un évêque ou un ancien veille sur les brebis ; il les soigne, les examine, les visite et les contrôle. On peut en penser comme un gardien (voir Actes 20.28 & 1 Pierre 5.1-4) Un troisième aspect c'est un presbyte ou berger / pasteur…quelqu'un qui donne à manger, prend soin de, dirige, chérit et gouverne le troupeau (Eph 4.12).

Il y a pas mal de désaccord quant à ces définitions, mais il nous faut se rappeler que tous ceux qui sont responsables dans l'église ont besoin d'un cœur pastoral et affectueux. Le cœur du ministère c'est le cœur – un cœur pour Dieu et pour Son peuple. Une compassion qui reflète celle de Jésus quand Il était sur la terre. Beaucoup ont proposé que ces caractéristiques pour les anciens doivent être présentes chez les pasteurs car c'est le seul décrit détaille dans le Nouveau Testament visant ceux qui enseignent et dirigent.   On peut dire que les pasteurs devraient être vus comme premiers parmi des égaux. Cependant il faut se rappeler que d'après Eph 4.11, un pasteur sont un don donne à l'église universelle ; et que le pasteur peut avoir donc un rôle plus large que l'église locale, alors que ceux qui sont adresses ici sont ceux qui sont à rester dans l'église locale.

V2-7 Voici la prescription divine pour le gouvernement de l'église locale. Il y a plusieurs qualités qu'on devrait discerner en quelqu'un avant que cette personne ne soit être approuvée en évêque, en berger ou ancien. Le niveau requis est très élevée il est donc primordial que ces gens soient examiné d'une façon approfondi avant de se joindre aux autres anciens.

i. Ils doivent être irréprochables.

ii. Ils doivent être fidèles à leurs femmes (Les femmes sont-elles donc exclues ?)

iii. Ils doivent être modères et vigilants (« veiller »).

iv. Ils doivent être sobres – pas seulement par rapport à l'alcool qui ana esthétise les sens, mais dans toutes domaines de la vie.

v. Ils doivent être réglés dans leur comportement général, et avoir la maitrise d'eux-mêmes.

vi. Ils doivent être hospitaliers ; leurs foyers ouverts à tous.

vii. Ils doivent savoir enseigner, et transmettre la parole aux autres.

viii. Il faut qu'ils ne soient pas avides pour l'argent, mais qu'ils aient l'attitude d'un serviteur.

ix. Ils doivent être doux et non pas des tyrans.

x. Il faut qu'ils ne soient pas des nouveaux convertis – l'expérience est très important- des églises nouvelles devraient être guetté par celui qui les avait fondé, ou quelqu'un expérimente.

xi. Ils doivent avoir un bon témoignage parmi ceux de dehors.

Voilà le profil d'une personne d'un caractère impeccable. Il est évident que de tels hommes ne sont pas ramassés par la pelle!

Questions

Quelle méthode avez-vous pour choisir des responsables dans votre église locale?

Considérer le cas de quelqu'un qui a le sentiment d'avoir été ignoré dans l'élection des anciens. Il commence à faire répandre des rumeurs concernant le pasteur. Qu'est-ce que feriez-vous pour contrecarrer ce problème, et comment tenteriez-vous à convaincre la personne concernée que l'église a fait une bonne décision?

Les Anciens

Le rôle des anciens est une œuvre clé dans l'église. Les mots grecs sont :

- « presbuteros » - plus âgé.

- « episkopos » - celui qui veille ou évêque.

Ce terme avait ses origines dans des hommes âges dans l'ancien monde qui transmettaient les traditions du peuple. Donc, ce terme aurait été connu aux lecteurs des épitres de Paul. De nos jours, on voit plusieurs idées sur les anciens, mais les écritures sont claires en ce qui concerne leurs qualifications et leurs devoirs.

Le rôle d'un ancien se résume dans les textes suivants:

1. 1 Tim 3.1-7
2. Tite 2.5-9
3. 1 Pierre 5.2-4

Ces textes s'appliquent au pasteur ainsi qu'aux anciens. Il est intéressant à noter qu'un pasteur, bien qu'appelé par Dieu dans le ministère, et connu comme pasteur / berger, reste au fond, un ancien. Il y a des églises ou le pasteur est salarié. Pourtant, ce n'est pas essentiel – l'important c'est d'avoir le don d'enseignement. Le discours de Paul aux anciens d'Ephese (Actes 20.17-38) doit être lu et relu par ceux qui ont été confié la direction de l'église.

Les Diacres

V8-13 Le deuxième groupe traité par Paul en 1 Timothée est composé de diacres ou serveurs. Il semble que leur rôle était de libérer le pasteur et les anciens d'être impliquent dans la vie spirituelle de l'église. Les diacres ont beaucoup de choses en commun avec les anciens en ce qui concerne les qualités requises. Il y a beaucoup qui pensent que ceux qui servaient à table en Actes 6.1-4 soient les précurseurs des diacres. Ça serait une erreur d'imaginer que le niveau demande chez un diacre, soit moins exigeant que chez un ancien. Il faut qu'ils soient tous les deux, des hommes spirituels.

V14-15 L'auteur veut vérifier que l'église soit bien dirige puisque le genre de « leadership » dans une église fait honneur ou tort pas seulement à sa réputation mais aussi au chef de l'église - Jésus Lui-même. Il nous incombe à nous rappeler que l'église est bien plus grande qu'un individu, et que ses membres ne sont que serviteurs impliqués dans Son œuvre dans Son église pour Sa gloire.

V16 Nous sommes rappelés ici de la raison pourquoi nous sommes impliqués dans le ministère chrétien. C'est à cause du Seigneur, le Fils de Dieu, qui est devenu notre Sauveur, et qui nous a somme à Le servir dans cette génération.

Le mot « diacre » vient du grec « diakonos », qui signifie « serviteur ». Les diacres sont introduits en Actes tôt dans l'histoire. La plupart des commentateurs pensent que ceux choisir à servir en Actes 6.1, étaient les premiers diacres (bien que aucune autre responsabilités sont mentionnées). Leur fonction suprême était à s'occuper des affaires de la communauté chrétienne / les choses pratiques afin de permettre aux apôtres à se donner sans réserve a la prière et à la prédication (Actes 6.4).

Ces hommes ont dû remplir certaines conditions / qualifications avant d'être élu:

1. Honnêtes.
2. Remplis du Saint-Esprit.
3. Avoir de la sagesse.
4. Des hommes pratiques.
5. Hommes de foi.

Remarquez : lorsque l'église a été bien organise, la parole de Dieu se répandait (v 7).

L'autre allusion biblique aux diacres se trouve en 1 Tim 3.8-13. Remarquez que ce sont des traits de caractère plutôt que des dons spirituels ; pour être un pasteur ou un ancien, il faut ces derniers.

1. Sérieux.
2. Pas de duplicité – dire des choses diffèrent selon la personne à qui on parle.
3. Pas des excès de vin / ni dépendant d'alcool.
4. Pas avide d'argent.
5. Capable de défendre la foi et soutenir la vérité.
6. Doit être éprouve, et n'être permis à faire le travail d'un diacre que si trouve sans reproche.
7. Une femme – fidèle.
8. Un foyer bien géré – selon des principes bibliques.

Tout chrétien devrait adopter l'attitude d'un diacre et se mettre à servir quel que soit leur ministère – pasteur, école de dimanche, quelqu'un qui fait le ménage dans les locaux.

Le rôle de la femme de diacre est aussi traitée par Paul afin de démontrer combien important est la vie au foyer. Elles doivent être :

1. Sérieuse.
2. Pas médisante.....pas de commérages.
3. Sobre en esprit.

4. Fidèle en toutes choses – fiable.

Un autre regard sur les dirigeants – ceux qui « doivent être »….

Le gouvernement de l'église est fondamental. Malheureusement, les débats autour de ce sujet ont eu pour résultat de faire éloigner les gens de la volonté de Dieu, et finir par des idées humaines. Notez en 1 Tim 4.1-3, Paul nous met en garde au sujet de la pensée humaine, comme quelque chose contraire aux voies de Dieu. Pourquoi pensons-nous de savoir plus que Dieu ? 1 Tim 3.2 ; 8 ; et Tite 1.7 nous montrent combien exigeants sont les attentes de Dieu. Mais il y a une raison. Dieu cherche des dirigeants fiables à diriger le troupeau de Dieu dans Son sens et pas le sien (1 Pierre 5.1-4 – lequel est confirmé par les versets 6-9 dans le contexte des anciens).

Actes 20.17-38 explique plus de la pensée de Paul à ce sujet. Le berger donne à manger a et défend le troupeau. Ceci n'est pas possible à moins que les bergers subalternes apprennent du chef berger. Les deux dirigeants de l'église locale sont des anciens (ceux qui exercent l'autorité dans l'église), et les diacres (lesquels n'exercent pas de l'autorité, mais servent) Les pasteurs ne sont pas considères dans cet étude puisqu'ils sont un don du Christ a l'église universelle (Eph 4.11).

L'organisation de l'église locale est très importante. Jésus a choisi 12 d'être auprès de Lui, et de prêcher. Les onze ont choisi un remplaçant suite à suicide de Judas ; Paul a nommé des anciens, et Titus et Timothée ont fait la même chose. Notez bien que ceux qui dirigent seront juge avec beaucoup de sévérité car ils sont les représentants de Dieu lui-même. Jacques 3.1 dit que les « didaskalos » (enseignants), subiront un plus grand jugement à cause de leur influence. Ceux qui dirigent l'église doivent être des hommes spirituels, responsables devant Dieu, ainsi qu'à l'église en ce qui concerne leurs paroles et leurs actes.

L'importance de cela est confirmée par ce qu'on lit en Romains 12 et 1 Corinthiens 12-14, ou Dieu a place des gens dans l'assemblée locale pour réalise Ses plans – comme par exemple ceux qui dirigent. A quoi doivent se ressembler donc ces dirigeants ? Voici quelques principes…

1. Ils doivent être exemplaires dans leur caractère (v 2 & 7-8), et a l'extérieure et a l'intérieure de l'assemblée. « Irréprochable » veut dire « innocent » dans la communauté, avec une bonne réputation. Ce que nous sommes au dehors de l'assemblée est vital. Les responsables de l'église sont examinés minutieusement parce que le monde juge l'église par ses dirigeants.

Le responsable doit être fidèle dans sa vie de famille, et envers ses collègues, amis, et famille. Par cela, il gagne du respect pour sa situation en Christ. Il faut qu'il emploie bien son autorité, et qu'il maitrise ses désirs, et particulièrement sa langue. Il faut qu'il n'y ait pas chez lui une tendance à bavarder. Le bavardage n'a pas de place dans la vie d'un responsable. Il provoque des problèmes destructeurs. Rappelez-vous…les responsables doivent être innocents – voulez – vous toujours être un responsable?

2. Il leur faut un caractère chrétien (v 2,5 & 6). Les anciens et les diacres doivent être spirituels (Actes 6.3). Il y a cette différence majeure entre les anciens et les diacres. Dans v 2 les anciens devraient être capables à prêcher. C'est à dire, il faut qu'ils connaissent la nature du royaume de Dieu, et être à la hauteur de communiquer cette connaissance d'une manière sage et utile, en prive ainsi qu'en public.

Il n'est pas nécessaire qu'un diacre prêche bien que si quelqu'un entre eux, en est capable, il devrait être encourage à le faire. Par contre, un ancien devrait pouvoir enseigner, et là où il n'y en a pas de pasteur, les anciens ils devraient répondre au besoin. Au même temps, un ancien ne doit être un récent converti parce que le pouvoir peut facilement corrompre. Aussi, selon le v 10, les diacres devraient être examine avant d'être nomme.

3. Il leur faut reconnaitre l'autorité du Christ (v16). Pourvu que les sentiments exprimés en v 16 sont acceptés (Christ est le chef et nous tous ne sommes que des serviteurs), tous les problèmes potentiels sont possible à régler.

Les mauvais choix de dirigeants a été à l'origine de beaucoup de problèmes dans les églises. Mais, c'est possible à les éviter si on suit le modelé biblique

La Structure de L'Eglise

La plupart des églises sont organisées par le pasteur, les anciens et les diacres. Ce sont eux qui s'occupent de la vie de l'église. En générale, les pasteurs et les anciens s'occupent des choses spirituelles, tandis que les diacres s'occupent des choses pratiques. Dans certains pays, il y a des administrateurs qui s'occupent des finances. C'est souvent le cas où l'église a souscrit une dette importante.

Les responsables doivent impérativement réaliser les conditions bibliques :

1. Le pasteur est un don de Christ à l'église (Eph 4.11), appelé et équipé par Dieu (Eph 4.12).
2. Les anciens doivent manifester les qualités énumérées en 1 Tim 3, Tite 1 et 1 Pierre 5. Il ne peut pas être des compromis à ce sujet si le modèle divin va être réalisé.
3. Les qualifications des diacres (y compris le trésorier et   le secrétaire) sont énumérées en 1 Tim 3.
4. Quels conseils par rapport à ceux qui s'occupent des jeunes, ceux qui enseignent dans l'école de dimanche. Bien qu'il n'y ait pas des « qualifications » direct qui sont citées dans le texte, tous ces ministères demandent un caractère chrétien authentique. Nous sommes tous appelés d'être sel et lumière, et il nous faut atteindre un niveau de sainteté bien élevé.

Il nous faut nous rappeler que l'autorité dans l'église c'est toujours spirituelle. Nous sommes une communauté spirituelle, dont les anciens et le pasteur possèdent la responsabilité finale pour les décisions dans l'église. Les autres serviteurs sont là pour exécuter ce qu'ont été décidé par les responsables spirituels. (Actes 6.1-7).

Les Trois Systèmes de Gouvernement dans L'Eglise

1. Episcopalien – une église dirigée par des évêques.

Le grec « episkopos » signifie « celui qui veille » (Actes 20.28; Phil 1.1; 1 Tim 3.2.

Le grec « presbuteros » signifie « ancien » (Actes 20.27 & 28) Les églises qui sont structurées ainsi, sont l'église catholique (Romain) ; l'église anglicane, et quelques églises méthodistes.

2. Presbytérien – une église dirige par un presbytère ou un groupe d'anciens (Actes 15 et le Conseil de Jérusalem / 1 Tim 4.14) Il y a deux types d'ancien:

a. un ancien qui dirige.

b. un ancien qui enseigne (souvent salarié).

Les églises qui sont structurées ainsi sont des églises presbytériennes et les églises reformées.

3. Congrégationalisme.

Toute église locale est autonome.

Le grec « ekklesia » décrit une assemblée locale – ces églises étaient très nombreuses dans l'ère puritain pendant le 17ieme siècle.

Les églises qui sont ainsi structurées sont les églises congrégationalistes, baptistes, frères de Plymouth, assemblées de Dieu.

1 Timothée 4 : La Bonne Discipline

Vv1-5 : L'apostasie est un rejet volontaire de la foi après avoir revendiqué la même foi. Dans ce chapitre, ceux qui lisent sont avertis par rapport à combien nombreux seront ceux qui seront séduit par des faux doctrines (Par ex. l'interdiction du mariage ou l'ordre à s'abstenir des aliments particuliers.)

Il est essentiel que le chrétien soit bien équipe à faire face aux fausses enseignements dans l'église. Ephésiens 6 énumère toute l'armure qui est à notre disposition. Le pasteur est la personne clé dans cette guerre.

EXERCISE: D'après vous, qu'est-ce que c'est le rôle d'un pasteur ? Pendant quelques instants, écrivez vos convictions et les mots clé pour les points essentiels du ministère pastoral.

V 6-16 Le rôle d'un pasteur.

1. Prêcher la vérité afin d'éviter l'apostasie.
2. Présenter la bonne doctrine.
3. Etre discipline dans sa vie quotidienne.
4. Enseigner et pas seulement exhorter / encourager.
5. Donner l'exemple a tous en.
   i. La parole.
   ii. Le comportement.
   iii. L'amour.
   iv. La foi.
   v. La pureté.
6. La nature centrale des Ecritures.

Questions

Comment les caractéristiques en haut peuvent-ils devenir plus efficaces dans votre vie et votre ministère ? Votre réponse repose beaucoup sur votre compréhension du ministère pastoral:

1. Quelle est votre idée du ministère pastoral ?
2. Comment envisagez-vous votre avenir dans ce ministère ?

Prenez le temps à réfléchir sur cette question dans votre situation actuelle.

V 15 Méditez / se donner du mal. Cela signifie d'être entièrement consacre aux choses spirituelles qui se trouvent au cœur du ministère chrétien. Celles-ci sont les choses les plus importantes dans la vie. Tout cela aura des effets chez ceux qui vous observent.

V16 Faites attention ; soyez décidé de ne pas permettre à votre niveau de s'abaisser, surtout en ce qui concerne :

i. Votre spiritualité.
ii. Votre enseignement.
iii. Votre persévérance.
iv. Votre salut personnel.

La spiritualité du pasteur est notre souci numéro 1, car avant tout, il est un disciple de Jésus-Christ. Il est appelé d'être un chrétien engage qui se sert de tous les moyens de grâce qui lui sont disponibles. Il ne peut espérer que son troupeau le suit, que s'il met devant son peuple, un bon exemple.

1 Timothée 5 : Les Veuves et les Anciens

V 1-16 : Paul s'occupe ici du soin des veuves dans l'église – un vrai problème dans l'ancien monde.

1. Il y avait tendance à négliger les veuves, et beaucoup d'entre elles mouraient toute seule.
2. Paul fait appel à la responsabilité générale.
3. Il parle du côté social de l'évangile.
4. De l'aide possible pour trouver un nouveau mari (v 14)?

L'église primitive confrontait dès le début les problèmes pratiques (Actes 6.1-8) Il y avait un souci pour les besoin des veuves car ces dernières n'avait aucun accès a l'assistance sociale. Donc, l'église a dû intervenir. L'église fournissait l'alimentation quotidienne.

Cette question est toujours d'actualité. Il faut que l'église ait une perspective sociale, et il y a plusieurs moyens elle peut employer. Ça ne suffit pas de dire à un homme qui a faim que Dieu l'aime. Bien que cet homme peut avoir besoin d'être sauve, son besoin immédiat est d'être donne à manger. Jacques renforce cette responsabilité (Jacques 2.14-26) Les bonnes œuvres ne peuvent pas nous sauver, mais ils devraient être le fruit d'un cœur change par l'évangile.

EXERCISE: Réfléchissez a ou se trouve votre église locale : Quels sont les besoins sociaux criants dans votre communauté. Qu'est-ce que pourrait être fait par l'église d'atténuer les problèmes?

Vv17-25 Les anciens:

Pareil aux évêques en 1 Tim 3.

Un remboursement financier est possible (sont-ils des pasteurs à plein temps?

V20 tout responsable qui pèche publiquement doit être corrige ouvertement. L'église doit être irréprochable, et ses dirigeants sont très visibles – si les dirigeants échouent, alors l'évangile et Le Seigneur sont discrédites.

V23 Voici du conseil personnel à Timothée, peut-être suite à une conversation avec Luc qui accompagnait Paul dans ses voyages. Timothée était timide et souffrait d'un mal d'estomac – peut-être un ulcère occasionne par le stress du ministère. Paul souligne le manque d'eau propre à boire, et conseille Timothée boire du vin, lequel a des qualités bonnes pour la sante. Il y a pas mal de personnes qui se servent de ce texte pour prouver que les chrétiens sont permis à boire librement de l'alcool. Attention à ne pas abuser d'un seul texte pour démontrer vos désirs personnels. L'alcool est quelque chose qui crée facilement une dépendance, et peut provoquer maintes problèmes pour notre sante et notre vie de famille. Voilà pourquoi Paul met en garde les Ephésiens contre l'ivresse en Eph 5.18, puisque cela peut mener à toute espèce de débauche et d'immoralité. L'alcool est quelque chose qui a pour résultat la dépression et laisse ses victimes vulnérables à plusieurs pèches graves. En Genèse 9.20-29 Noé s'est compromis par un excès de vin alors qu'en Gen 20.30-38, Lot a été abuse par ses propres filles tandis qu'il était ivre (Prov 20.1 ; 23.20-21 ; 29-35).

Pourquoi donc Paul permet-il un peu de vin a Timothée ? Je crois que nous sommes face à trois principes importantes a sujet de la maladie, la sante et la guérison:

a) Le chrétien n'est pas exonère de la maladie 2 Tim 4.20.
b) Les médicaments sont là pour nous aider Col 4.14. Luc était un docteur et accompagnait Paul.
c) Il peut y avoir des raisons et des remèdes naturelles aussi que spirituelles Jacques 5.14.

Il y a beaucoup de désaccords au sujet de la guérison dans l'église contemporaine. Plusieurs l'exclurent d'office. Pourtant nous voyons dans la Bible un Dieu qui guérit. Cependant la guérison spirituelle est la guérison la plus importante bien qu'il nous faut jamais penser que Dieu a le pouvoir faire ce qu'il a envie de faire, y compris guérir. Un chrétien ne devrait pas exiger d'être guérir, mais il devrait chercher la volonté de Dieu concernant sa santé et bien-être, et confier tous ses soucis – spirituels ainsi corporels – au Seigneur.

1 Timothée 6 : Des Instructions aux Ministres

Ce chapitre est primordial pour comprendre le rôle de pasteur dans l'église primitive. Nous trouvons ici une image intéressante des attitudes du pasteur au sujet de lui-même, et la vie de l'assemblée.

V1 : « Sous le joug ». Voici l'image d'une bête à l'œuvre en labourant un champ. Cette image démontre quel est la relation entre un chrétien et son patron. Servir est un principe clé, et le pasteur devrait être le premier en cultivant le cœur d'un serviteur. Chaque membre du corps est appelé à un rôle particulier, mais à la fin tous ne sont que des serviteurs (« diacres ») qui ont reçu aux mains de Seigneur un ministère. (1 Cor 12 ; Rom 12.4-13) Il existe une beauté dans la diversité dans le peuple de Dieu ou chacun complément l'autre.

V 2 Enseigner et prêcher. Il faut que tout le contenu de cette épitre soit enseigne à cause de l'importance des choses exposées là-dedans. Le pasteur digne de confiance doit être a la hauteur de communiquer tout le conseil de Dieu (Actes 20.17-35 et surtout v 20 ; 27 et 31-32). Dans le ministère combien il est vital que le pasteur consacre le temps nécessaire pour étudier et prier afin d'édifier le corps de Christ (Eph 4.12).

V3 Paul fait partie de son inquiétude au sujet des fausses doctrines qui risquaient de s'infiltrer l'église. En tant que pasteur, il vous faut être attentif concernant l'église que vous menez. Un vrai berger donne à quoi manger (par un ministère biblique), et veille contre le lion (le faux enseignement) lequel est détermine à semer la discorde dans le troupeau. Le remède pour contrer la fausse doctrine c'est la bonne qui se trouve en Jésus Christ. Le pasteur doit être quelqu'un qui discerne ces dangers.

Remarquez la source de ce faux enseignement – les soi-disant « chrétiens » (Actes 20.29-30). Il est important que le pasteur soit au courant avec les tendances dans la société – il y a du mauvais ainsi que du bon. Faites attention de ne pas accepter tout – mais testez tout à la lumière de la parole de Dieu. Au même temps, soyez prêt à défier la tradition. Notez bien la différence entre ces traditions-là qui ne doivent pas être change, et les traditions qui sont créées par l'homme.

Questions

Combien de temps consacrez-vous a:

1. La prière et l'étude personnelle?

2. L'étude et les préparatifs pour votre ministère?

Prenez soin de ne pas permettre à vos études académiques de prendre la place de votre croissance dans la grâce.

V6 La piète est la base de la vie chrétienne. Le pasteur doit être un homme content, pas quelqu'un qui est à la recherche d'être célèbre ou riche, mais simplement de plaire à Dieu qu'il sert.

V7 Rappeler aux lecteurs que puisqu'ils ne pourront prendre rien avec eux a la mort, a quoi bon de perdre leur temps en amassant les trésors humains? Concentrer plutôt sur la nature de l'Etre divin qui seul apporte l'épanouissement entier.

V8 La nourriture et les vêtements : les choses de base dans la vie devraient suffire puisqu'il s'intéresse aux choses qui sont au-dessus de ce monde (Actes 3.1-10 ; Phil 4.10-20).

Le pasteur ne doit jamais être:

i. Jaloux des autres.
ii. Convoiter ce que les autres possèdent.

V10 L'amour de l'argent est une racine de tout le mal (pas l'argent lui-même) Un désir à gagner plus, ou se jouir d'une mode de vie plus confortable, peut engendrer pas mal de problèmes (v17). Voici le problème de tenter à servir deux maitres (Matt 6.24) Afin d'avoir une perspective saine sur les choses matérielles, le pasteur / tout chrétien sont obliges à jeter ses regards sur le Seigneur (Phil 2.5-8).

V11 Les qualités de l'homme de Dieu – tellement important pour les futurs dirigeants à savoir:

1. La justice – être juste et irréprochable dans tous vos affaires
2. La piété – une conformité au fond a l'image de Dieu, et à l'esprit de Christ pour vivre une vie bonne et sainte
3. La foi en Jésus et en tout son enseignement; la fidélité avec les talents que vous avez reçu de ses mains, et la responsabilité qui vous a été confié.
4. L'amour pour Dieu et toute l'humanité
5. La persévérance. La patience dans toutes les épreuves.

6. La douceur. Subir et supporter d'une manière calme, tous les obstacles et toute contradiction.

Réfléchissez au sens de ces mots et comprenez de quelle manière ils peuvent être liés à votre vie quotidienne chrétienne aussi qu'un futur dirigeant dans l'église locale. Galates 5.22-23 donne un résume utile de ces qualités.

V20 Voici une dernière exhortation de la part de Paul a Timothée – combien il est utile d'avoir un homme d'expérience de nous diriger à travers les pièges du ministère pastorale. Rechercher leurs conseils éviteront pas mal de problèmes.

Je crois que 1 Timothée est essentiel pour ceux qui pensent à se lancer dans le ministère chrétien ; il est peut-être utile à ce moment-même de s'arrêter et réfléchir à votre appel au ministère. C'est du sérieux ! Mais combien important pour l'église.

Exercice: Prenez le temps à réfléchir à votre appel à servir le Seigneur, qu'il soit à plein temps, ou comme un serviteur laïc. Faites une liste de quelques-uns des soucis et des défis auxquels vous faites face dans votre relation avec Dieu, et en dirigeant l'assemblée.

Si vous êtes actuellement dans un rôle pastoral, ou sur le point de s'y lancer, réfléchissez bien à cet appel. On ne doit pas le prendre à la légère. Si cependant vous êtes convaincu d'être appelé par Dieu, soyez sûr qu'Il vous équipera et vous soutiendra, quelque soient les obstacles que le diable, la chair et le monde mettent sur votre chemin.

2 *Timothée*: Les Derniers Conseils de Paul

Verset clé : 2 Timothée 1.13-14

- **Chapitre 1**
  o Salutations 1.1-2
  o La foi de Timothée 1.3-7
  o Appelé par Dieu 1.8-12
  o La fidélité envers la foi 1.13-18
- **Chapitre 2**
  o Fort dans la foi 2.1-13
  o Co-ouvriers avec Dieu 2.14-26
- **Chapitre 3**
  o Des jours dangereux (3.1-9)
  o L'homme de Dieu (3.10-15
  o Parole de Dieu 3.16-17
- **Chapitre 4**
  o Prêcher la parole : 4.1-5
  o Les adieux de Paul : 4.6-8
  o Des remarques personnelles

Introduction

« Retiens dans la foi et dans l'amour qui est en Jésus-Christ le modèle des saines paroles que tu as reçues de moi. Garde le bon dépôt, par le Saint-Esprit qui habite en nous » (2 Timothée 1.13-14).

- Paul a écrit une deuxième lettre contenant du conseil, et une exhortation personnel avant qu'il ne décède.
- Vraisemblablement écrit dans une prison romain circa 65-68 ; les dernières paroles enregistrées de l'apôtre Paul.
- Timothée était pendant ce temps à Ephèse, et il est possible que l'épitre a été expédiée à Timothée par Tychique (4.12).
- Bien que teinte de la tristesse, on peut entendre néanmoins une note de victoire grâce à le triomphe du Christ. Paul sait bien qu'il n'y a pas d'espoir qu'il s'échappera à l'exécution, mais il sait aussi que la victoire finale provient du Seigneur. Il écrit comme quelqu'un qui ne verra plus son correspondant.
- Le but de Paul dans cette épitre c'est de s'assurer que Timothée retienne la doctrine apostolique, et d'encourager ce dernier à être pleinement engage dans la foi.

Les Thèmes Principaux

1. Encouragement.
2. S'équiper contre la fausse doctrine.
3. Etre un exemple pour tous.

Dans le chapitre 2, Paul dit à Timothée qu'il lui faut :

- subir les épreuves.

- travaille avec la fidélité d'un soldat.

- avoir la maitrise de soi d'un athlète..

- œuvrer dur comme un fermier.

La fidélité au Seigneur est la clé à la réussite (4.7) : ceci est essentiel afin de:

1. Rester fidèle à l'Evangile.
2. Donner des avertissements dans des temps dangereux.
3. Former les gens à continuer dans la foi.

4. Proclamer la vérité.

Un ministre de l'Evangile Timothée doit:

a) Se comporter d'une manière irréprochable (2. 22-25).
b) Avertir l'église contre des faux docteurs (2.11-14; 3.1-9).
c) S'écarter de la folie (2.23).
d) Dispenser droitement la parole de la vérité (3.14-17; 4.2).
e) Avoir de la confiance en Dieu – Dieu qui vaincra (4.1).

Au fur et à mesure que Paul s'est approche de la fin de son ministère et sa vie, on peut constater que son désir le plus puissant était à faire en sorte que l'Evangile qu'il avait sans relâche annonce, continuerait attirer les gens dans le royaume de Dieu, et que Timothée resterait fidèle à sa charge.

Quel est votre désir le plus fort ?

2 Timothée Chapitre 1

V1. Voici les salutations adresse à un vrai ami et aide dans l'œuvre de l'Evangile. C'est le dernier message de l'apôtre Paul : notez bien que Paul dit qu'il est an « apôtre » par la « volonté » de Dieu. Nous n'avons pas le droit ni la puissance de faire n'importe quoi de nous-mêmes. Notre appel vient de Dieu par Sa grâce.

Qu-est-ce que c'est un apôtre ? Quelqu'un « envoyé » avec autorité.

V3 Paul a remercié Dieu. Sommes-nous reconnaissants? Etes-vous content à servir?

Des prières sans cesse – priez-vous souvent?

V4 On voit ici la cote émotionnelle d'un grand homme de Dieu. Comme Jésus avait montré en Jean 11.35 Nos émotions sont bonnes.

V5 On voit ici l'importance d'un foyer chrétien et d'une éducation biblique. Quelle sorte d'exemple êtes-vous en train de mettre devant votre famille?

« Sincère »signifie « authentique ». La foi chez Timothée était contagieuse. Elle était transmise de génération en génération – c'est pareil pour nous....transmettre notre foi à nos enfants établit des fondements pour la vie. Prenez vous du temps à garder un bon niveau dans votre foyer?

V6 Bien que Timothée avait une éducation, c'est le don de Dieu dans une personne qui rend possible une véritable participation dans le ministère. Timothée a reçu d'ordre de ranimer le don – gardé bien la flamme pour l'œuvre confie à lui. Il est possible que ce don fût celui d'un ministère pastoral (Eph 4.11), un don spirituel pour le bien de toute l'église. Les pasteurs sont un don pour l'église, et c'est leur responsabilité à veiller à ce que le ministère continue a bien fonctionné (2 Tim 4.5). Timothée était un pasteur, mais son ministère avait compris d'autres choses telle que l'évangélisation, quelque chose qui est au cœur de l'église.

V7 Timothée manquait de la confiance – il était timide (1 Cor 16.10 ; 1 Tim 4.12) Il était jeune, pas expérimente. Mais c'est Dieu seul qui nous la force à accomplir l'œuvre de Dieu. Il faut jamais traiter un problème en pensant à la grandeur de la tache – pensez plutôt à la grandeur de Dieu!

V8 Paul était prisonnier (peut-être à Rome) lorsqu'il avait écrit cette épitre.

Nous devons être prêts a aider nos frères dans les situations pareilles (Gal 6.10 ; Philémon 1.7).

Questions

- Comment pouvez-vous aider les autres par votre ministère?

- Comment peut-on faire avancer l'Evangile par l'engagement sociale?

V11- identité de Paul : prédicateur, apôtre, enseignant de l'Evangile.

- ➤ prédicateur ... son ministère public
- ➤ enseignant. Plutôt en privé
- ➤ apôtre ....péripatéticien – il voyageait

Il est crucial que nous sommes surs du rôle que Dieu nous a choisi, et que nous nous en teniions même lorsque les choses deviennent difficiles (vv 16-18 – Onésiphore état un ouvrier dévoue qui n'a pas lâché.

V12 Je suis persuadé/ je sais. J'étais certain et je reste certain, que Dieu dirige tout. Paul savait bien que tout le monde devrait faire face au jugement – mais il avait confiance en Dieu pour le soin de son âme, lequel il avait confié à Dieu lors de sa conversion. Face aux derniers jours de sa vie terrestre, Paul se jouait grâce à cette confiance intérieure, de ce que Dieu dans sa souveraineté allait le garder dans tous les épreuves, et l'amener à sa récompense éternelle.

V13-14 Ces instructions sont essentielles pour le jeune pasteur : des saines paroles, la foi et l'amour. Si on approfondit notre connaissance de la parole de Dieu, notre foi grandira, et l'amour créera une conformité a l'image du Christ. Notre perspective sur l'Evangile aura des effets sur comment nous nous en servir. Paul a cru que l'Evangile était un trésor qui demandait beaucoup de sensibilité.

Question: Quel est votre perspective sur l'Evangile ? Le voyez-vous comme un trésor lequel il faut garder soigneusement contre les faux enseignements, et le donner aux auditeurs comme un don précieux ?

Vv16-18 Il y a toujours ces personnes qui aident les prédicateurs / missionnaires dans les choses pratiques : l'hospitalité est une activité essentielle dans l'église. Il est vraisemblable qu'Onésiphore habitait Ephese, mais a voyage jusqu'à Rome. Tandis qu'il était-là, il faisait des recherches sur Paul qui était en garde de vue. Il n'avait pas peur mais son but était de bien-être de l'apôtre.

2 Timothée Chapitre 2 : Un bon Soldat

V1 Mon fils – Timothée n'était pas le fils « naturel » de Paul, mais son fils spirituel. Tel que Timothée, nous aussi nous devrions être « fort » - non pas selon notre propre énergie, mais exclusivement à travers Christ (Phil 4.13).

V2 Tel que Timothée, nous avons la responsabilité de continuer l'œuvre d'annoncer le message de la Bible.

« Confier à » signifie « placer », comme un dépôt place dans votre compte bancaire. Il nous faut garder ce dépôt (1.14). Tout pasteur est oblige de manier avec soin l'Evangile. Il est facile de permettre au message de devenir corrompu, et se transformer en parole des hommes. Une des raisons pour laquelle Paul avait écrit les épitres pastorales était à empêcher une telle dérive – évité la philosophie humaine et fixer les regards sur la parole de Dieu.

   i.   Il nous faut apprendre comment faire passer la relève.
   ii.   Il nous faut de la fidélité en apprenant la vérité.
   iii. Il nous faut trouver des autres gens fidèles à qui on peut transmettre le trésor de l'Evangile.
   iv.   On devrait être sur le qui-vive en cherchant des futurs responsables, et être prêt à les guider, les aider, les instruire, et les préparer pour la grande responsabilité d'être dirigeant.

Faire des plans pour l'avenir est une chose cruciale pour l'église – qui assurera le ministère après vous ? Pas mal de problèmes pourraient être évités si on préparerait pour l'avenir. Les bons dirigeants ne seront pas réactifs, mais proactifs. Ils décernent les problèmes avant qu'ils n'arrivent. Alors que ceux qui sont réactifs réagissent trop tard. S'il y a des dirigeants réactifs, l'église ne comprendra pas la vision du responsable pour l'assemblée. Une telle approche est révélatrice d'un manque de sérieux et du « planning » stratégique. La vision et le planning sont nécessaires tous les deux si les responsables ont une vision claire laquelle est transmise à l'église. Il y aura dans un tel cas, moins de plaintes, de problèmes et de décisions réactives.

V8 Voici la nature caractéristique de l'Evangile – la résurrection. Si on en nie la véracité, alors il ne reste aucune puissance dans le message de la triomphe de Christ sur le pèche et sur la mort ; cependant dès le début, il y avait quelques-uns qui l'ont rejeté (Matt 28.11-15 ; Rom 1.1-4).

V10 En dépit de tous nos soucis, nous nous rendrons compte à la fin que notre foi en Christ vaudra la peine, puisque le terminus de cette foi sera le salut.

V3-13 Paul avait trouvé le bonheur dans sa situation…et ceci malgré :

    a) La souffrance v 3 : subir les difficultés.
    b) Le travail dur v 6 : bosser et être fatigué.
    c) Troubles v 9 : connaitre des soucis et problèmes.
    d) Les liens v 9 : prison.

C'est un aspect de l'Evangile que nous n'aimons pas entendre. Pourtant c'est inévitable, surtout pour les responsables. Dans cette partie de la lettre, Paul fait allusion à des individus et leur travail, et il dépeint l'image d'un ministère chrétien.

V 3 : soldats ; leur priorité est d'écouter les ordres de leurs officiers ; le ministre de même devrait se concentrer sur les ordres du Seigneur.

V 5 : athlètes ; devraient faire de l'entrainement et respecter les règles ; pas de raccourci possible ; le responsable doit continuer à suivre le chemin étroit qui mène a la vie, tout en s'efforçant d'inviter les autres et édifier l'assemblée.

V 6 : fermier ; un bon fermier travail durement ; s'il espère de récolter gros, il lui faut s'investir beaucoup d'effort même avant de semer les graines. Et ensuite ils doivent les soigner et moissonner. Pour le dirigeant chrétien, il y a plusieurs étapes pour faire un ministère réussi. Tout d'abord, une étude continue et approfondi des saintes écritures. Deuxièmement, semer la parole de Dieu dans la communauté afin :

    i.   d'édifier l'église, et
    ii.   à inviter d'autres à suivre l'Evangile.

Troisièmement, les gens ont besoin d'être soigné s'ils vont croitre spirituellement et produire du fruit; rappelez-vous Eph 4.12 ou le rôle des dirigeants est d'armer l'église d'être impliqué davantage dans le ministère. L'église n'est pas une affaire d'un seul homme. Elle devrait être un corps qui fonctionne ensemble.

V10 : donne la raison pourquoi le ministère devrait être disposé à faire face à toutes ces difficultés…afin que les autres puissent connaitre le salut et expérimenter la gloire éternelle.

Le Comportement Personnel

Un aspect essentiel pour la croissance d'un pasteur.. v.5 est un résumé

- ➤ Consacre à l'étude – soyez dévoué dans votre travail; soyez en hâte
- ➤ Approuve – examine et trouve correct
- ➤ Un ouvrier – un homme d'action
- ➤ Pas de honte – pas de raison à rougir
- ➤ Dispenser droitement la parole – couper le bien

On doit faire attention à l'interprétation de la parole – l'importance de l'herméneutique et l'homilétique (l'interprétation et l'explication). La vraie exégèse est cruciale pour l'annonce du message da la Bible. Garde à une exégèse particulaire qui ne présente pas le vrai message.

Il faut que l'étudiant, pasteur, prédicateur, enseignant saisisse le contexte du passage. Cela à faire non simplement avec le contexte du livre lui-même, mais aussi au contexte de la culture et l'arrière-plan historique de l'écrivain et les auditeurs

V22 : Il nous faut une bonne perspective sur nos vies ; justice, foi, amour, paix

Question: Comment peut-on cultiver et faire croitre ces qualités?

V24 : Ce verset traite du comportement des serviteurs. En étudiant ces caractéristiques, nous nous rendrons compte que ceux qui sont de la cote émotionnelle ou psychique doivent être maitrisés. Notre chair doit être maitrisé par l'Esprit afin de devenir désintéresse et doux. Les pasteurs devraient donner l'exemple en ne cherchant pas la vengeance, ni l'affrontement ; mais en faisant preuve de patience et de douceur. Il faut inclure aussi la responsabilité du pasteur à pouvoir prêcher. C'est par le moyen d'un enseignement solide et biblique que le pasteur puisse instruire l'église par rapport aux principes nécessaires pour sa croissance chrétienne. Le bon enseignement mène au salut ; c'est le but de tout ministère

2 Timothée 3 : Les Temps Difficiles à l'Horizon

Ce chapitre est crucial pour notre 21ieme siècle – les derniers jours !

v1 Les « derniers jours » (Gr : « eschatos ») ont commencé avec la naissance du Christ, et aboutiront avec son retour. Notez bien les caractéristiques de ces derniers jours. Tout chrétien devrait se rendre compte de la façon de penser de cette génération contemporaine, afin d'être plus pertinent

V2-9 : Il y aura des énormes révolutions sociales, politiques et religieuses

Réfléchissez-vous à la situation actuelle dans votre pays

Questions

Comment abordez-vous vos situations actuelles par rapport a

1. comment comprendre notre société globalement ?
2. l'arène dans laquelle vous êtes appelés à porter le message de l'Evangile ?

Il v y avoir une grande apostasie dans les derniers jours

V5 : les gens manifesteront une forme de piété mais pas de puissance

Les remèdes pour l'église pendant ces jours-ci

V14 : « Continuer » veut dire rester, demeurer, attendre. En quoi doit-on demeurer ? Dans les choses de Dieu, ces choses-là que « vous avez appris chez moi ». C'est-à-dire, dans la vérité de l'Evangile; les écritures. Les écritures sont notre fondation, et les chrétiens plus expérimentés

A qui cherchez-vous pour l'aide, de l'encouragement, du conseil ? C'est une bonne chose d'avoir quelqu'un à qui vous êtes responsable ; quelqu'un à qui vous pouvez parler et avec qui vous pouvez partager vos problèmes, défis de votre ministère.

Pendant votre temps passe en collège, il n'est pas difficile puisque il y a plusieurs enseignants et aumôniers. Pourtant, lorsque vous commencez votre ministère, il est possible que vous soyez tout seul. Dans ce cas-là, vous aurez besoin d'un partenaire fiable et pieux pour vous aider.

Pourquoi?

V 16-17 : la valeur des écritures:

    i.   Inspiré – une source divine / expiré par Dieu.
    ii.   Profitable – utile et avantageux.
    iii.   Enseignement – une source de connaissance.
    iv.   Réprimander – un moyen de conviction.
    v.   Corriger – lorsque nous nous écartons.
    vi.   Droiture – laquelle nous rend semblable à Dieu.

Pourquoi?

Car tous doivent être équipés, afin que l'homme de Dieu devienne:

V17

i complet (parfait).

ii équipé (avec tous les outils requis pour la vie et le ministère.

La parole inspirée de Dieu doit être appliquée correctement afin d'équiper d'autres dans l'œuvre du ministère (Eph 4.11-12).

2 Timothée 4: Continuer à Prêcher!

Quelle est la grande responsabilité du pasteur ? C'est de ne pas arrêter de prêcher et enseigner la vérité de l'Evangile dans toute sa plénitude (Actes 20.17-32).

V1 : Souvenez-vous de qui vous servez – Dieu. C'est Lui qui vous demandera des comptes, et qui jugera les résultats de votre ministère.

V 2 : Il nous faut prêcher puisqu'il est le moyen choisi par Dieu à répandre l'Evangile. Il est donc important que nous cultivions des bonnes méthodes pour prêcher, afin de:

a) Réprimander – faire honte a quelqu'un en lui exposant.
b) Reprendre – exposer une faute.
c) Exhorter – encourager et pousser.
d) Montrer de la patience – à supporter, persévérer.
e) Instruire – doctrine / enseignement.

Ce sont tous requis dans le ministère pastoral – essayer de faire en sorte qu'ils sont tous traite au cours de votre prédication, et évitez de prêcher vos dadas personnels. En tant que ambassadeurs de Dieu, nous obliges à prêcher tout le conseil de Dieu.

V 3-4 : Il y a ceux qui abandonnent la vérité pour suivre des prédicateurs qui leur plaisent. Paul dit que ces gens ont « la démangeaison d'entendre des choses agréables » Ils aiment ceux qui les enseigne ce qu'ils ont envie d'entendre, et pas ceux qui leur dit ce dont ils ont besoin d'entendre. C'est une grande tentation pour un prédicateur de s'adresser aux sentiments de ses auditeurs et ne pas viser la vérité. Nous devrions nous rappeler a tout temps que le pasteur / prédicateur / enseignant soit le représentant de Dieu, et donc il nous faut communiquer pas notre parole mais la sienne. Il ne nous faut pas utiliser le pupitre comme une plate-forme personnel pour partager nos idées, mais comme une opportunité précieuse de transmettre l'Evangile.

Questions

Quel genre d'opposition y-a-t-il dans l'église a la prédication de l'Evangile?

Comment pouvons-nous y faire face?

Les Dernières Volontés de Paul

Les dernières paroles de l'apôtre

V5 Toujours en train d'encourager Timothée à persévérer, Paul montre que l'évangélisation fait partie du ministère pastoral. Il faut être équilibré dans le ministère, et le pasteur doit avoir un cœur pour la communauté

V6-8 Ces versets nous indiquent que Paul avait une pleine confiance en le salut de Dieu. Pouvons-nous dire comme lui, que nous avons « garde la foi » ?

V9-21 Ce passage contient des choses personnelles et des salutations

Paul avait influence beaucoup de monde pendant son ministère

Notez v 10 : Démas s'est égaré / était rétrograde. Il y a pas mal de débat autour de l'état spirituel de Démas. Les différents avis sont...

Il ne s'était pas converti (je me demande si Paul aurait permis a un hypocrite à l'accompagner lors de ses voyages missionnaires ?)

Il avait perdu sa foi (cela présente des difficultés pour ceux qui croient que « une fois sauve, c'est pour toujours »)

Il ne supportait pas la pression du ministère, et était parti chercher une vie plus calme

Je voudrais proposer que cette troisième possibilité est celle qui est le plus vraisemblable – une preuve que personne ne devrait entrer dans le ministère chrétien à moins qu'il soit convaincu que Dieu l'appelle. Le ministère ne peut pas être exécuté dans l'énergie humaine, mais seulement à travers la puissance de Dieu

Notez v 11: Luc était un compagnon de voyage de Paul. Marc qui avait une fois abandonné l'œuvre était maintenant de retour, et utile à Paul (Actes 15.36-41). Abandonnez personne – il reste toujours de l'espoir de restauration.

V 22 Paul a achevé sa lettre avec une bénédiction !

2 Timothée est une épitre personnelle teinte de tristesse en vue de la mort imminente de Paul en martyr: Pourtant, il ne s'occupait pas de tout cela. Son ambition était plutôt voir l'église bien fondée pour la génération prochaine

Tite – L'Esperance de L'Evangile
Verset clé - Tite 3.8

- **Chapitre 1**
  - Salutations 1.1-4
  - Les anciens 1.5-9
  - La responsabilité du ministre 1.10-16
- **Chapitre 2**
  - La bonne doctrine 2.1-10
  - La grâce salutaire 2.11-15
- **Chapitre 3**
  - Le salut et la sanctification 3.1-8
  - Les divisions et les disputes 3.9-11
  - Salutations 3.12-15

Introduction

« En attendant la bienheureuse espérance et la manifestation de la gloire de notre grand Dieu et Sauveur, Jésus-Christ » (Tite 2.13).

- Paul écrit à Tite pour diriger ce jeune homme dans le ministère pastoral dans lequel il était engagé sur l'Isle de Crète. Chronologiquement parlant, Tite devrait arriver avant 2 Timothée, mais selon le canon, Tite se trouve comme la dernière des trois épitres pastorales.

- La lettre a pour but à mettre l'église en ordre, et fournir des fondements solides pour ceux qui viendraient après (1.5).

- Paul donne à son jeune collègue des directions et des encouragements (1.4).

- Les experts s'accordent à ce que cette épitre avait été écrite circa 65, peut-être de Rome ou la Macédoine.

Les grandes lignes

1. Combattre les faux enseignants.
2. Gérer l'église d'une manière biblique.
3. Garde à votre comportement.
4. L'Esperance du retour du Christ.

Tite avait 4 raisons pour son séjour en Crète

Nommer des anciens (1.5).

Exposer les faux enseignants tels que les Gnostiques et ceux qui voulaient un retour aux cérémonies de la Judaïsme (1.10).

Edifier l'église (2.1 et suivant).

Discipliner les faux docteurs dans l'église (3.9-11).

La Théologie de Base

a) Election/ salut (1.1 & 3; 2.10-11).
b) Rédemption (2.14).
c) Ecclésiologie (1.5 & 7).
d) Eschatologie (1.2; 2.13; 3.7).

- L'apôtre Paul s'approchait de la fin de sa vie terrestre, mais ses yeux étaient fixés sur les choses d'éternité. L'épitre à Tite nous montre que tout chrétien devrait avoir pour but le jour où Jésus se révèlera au monde!

Bien que l'épitre à Tite soit plus courte que 1 et 2 Timothée, elle est plein de conseil pour un jeune pasteur entouré par les ennemis.

Tite Chapitre 1

V 1-2 : L'introduction de Paul : un « serviteur » est quelqu'un qui n'a pas de droits. Son ministère a 4 aspects :

a) Foi.
b) Connaissance.
c) Piété.
d) Espoir.

Le pasteur sert les autres ; c'est une bonne chose à se rappeler souvent le but de son ministère.

V3 : le message de l'Evangile a été confié à ceux qui prêchent, il est donc essentiel que nous le gardons comme un bijou précieux, et que nous n'abusons pas cette responsabilité.

V 4 : « fils ». Tite était le fils spirituel comme Timothée (1 Tim 1.2 ; 2 Tim 1.2) Paul avait des soucis pour le bien-être de son fils spirituel ; Dieu considère comme très important le rôle de veiller sur les autres dans la foi.

« La grâce et la paix ». Ces deux caractéristiques de Dieu ne peuvent être reçues que de la bonne source – Dieu Lui-même.

V 5 : Tite a du nommer des anciens en Crète – un petit Isle dans la Méditerranée. Il est difficile de trouver des preuves de la présence de Paul sur l'Isle. La seule allusion à cela se trouve en Actes 27 ou Paul était en route pour Rome en prisonnier ; le navire qui le transportait s'est arrête en Crète. Il n'y a aucune mention d'une église établie par Paul pendant ce séjour. Il est plus probable qu'il avait laissé Tite en place afin de commencer l'œuvre. Une autre possibilité c'est que Paul avait été relâché de son premier période en prison lorsqu'il avait voyage à l'Espagne, retournant a Jérusalem via Crète, avant d'être arrête une deuxième fois et mis à mort. L'histoire racontée par Luc en Actes soulevé plusieurs difficultés quant au « timing » des épitres pastorales; cependant, nous pouvons être surs sur la base de ce verset que Paul avait effectivement rendu visite à Crète, et qu'il avait fondé une église, ou qu'il en avait trouvé une déjà en place laquelle avait besoin d'être bien structurée. Il y avait besoin d'une direction biblique. Toute église a besoin d'être édifiée sur une base biblique – en doctrine et en enseignement – si elle va connaitre de la croissance. C'est souvent le cas qu'un pasteur se trouve dans une église désorganisée.

Et le façon duquel les dirigeants y font face à l'organiser, aura des effets par rapport à l'image et a l'efficacité de l'église dans la communauté.

Question: Comment vous mettriez-vous à restructurer une église locale qui était en train de souffrir du cote gestion, évangélisation et direction?

L'ordre dans une église est la responsabilité du pasteur. Pour réaliser ce but, le pasteur doit marcher avec Dieu, et donner l'exemple a l'église. Au fur et à mesure que le pasteur s'épanouit spirituellement, l'église fera de même. Au passage, il est intéressant de noter ici le processus utilise pour sélectionner les anciens ; Paul donne l'ordre a Tite tout simplement a les « nommer ». Il n'y a pas de vote. Je propose que cette responsabilité appartienne au pasteur et aux anciens déjà en place. Malheureusement les membres des églises favorisent les personnalités au lieu de comprendre le fait que le rôle d'un ancien est premièrement, spirituel. Les mauvais choix sont faits, et il y a des difficultés futures garantis.

V6 : A l'adresse de Tite, Paul énumère les qualifications nécessaires. Cette liste est pareille à celle-là en 1 Timothée. L'ancien doit être :

i. Fidèle à sa femme.
ii. Une famille en ordre.
iii. Avoir la maitrise de soi.
iv. Pas un buveur puisque l'alcool émousse les sens.
v. Etre hospitalier.
vi. Apte à enseigner.
vii. Ne pas être avide pour l'argent.

Ceux-ci sont des sujets importants, et devraient être étudié avec le passage en 1 Timothée 3.1-8. Ces qualités sont obligatoires pour maintenir une direction claire et spirituelle dans l'église locale. En réfléchissant sur la gestion de l'église, comment faites-vous en comparaison ? Toutes ces qualifications sont des fruits d'une marche avec Dieu. Il faut que les responsables donnent l'exemple en vie spirituelle, engagement, diligence et désir. Tout dirigeant qui ne donne pas un tel exemple devrait être viré.

V10 : Paul met Tite en garde contre les faux enseignants – un thème majeur pour Paul dans les épitres pastorales. Il y a ceux qui s'efforcent à annoncer l'Evangile pour un gain financier, et qui sont motivés par l'avidité.

« La circoncision » - il y avait un groupe de juifs qui cherchaient à imposer les lois de l'Ancienne Alliance sur les nouvelles communautés chrétiennes. Ils attachèrent beaucoup d'importance au rite de circoncision, et prétendaient que ce dernier était nécessaire pour le salut. Le syncrétisme pose problème même dans notre monde actuel ; nous voyons des gens promouvoir toutes sortes d'idées, de philosophies, des rites religieux avec ma pensée humaniste, mélangées avec le message « biblique ». Les différences peuvent être bien déguisées. Paul souligne l'importance encore une fois d'un enseignement solide afin de distinguer, et de combattre sa présence dans l'église.

Question

- Est-ce que le syncrétisme présente des soucis pour vous dans votre contexte?

- Si oui, quels sont les aspects les plus pressants, et comment les confrontez-vous?

V12 : Paul fait allusion ici au poète crêtant Epiménides (circa 600). Les habitants de Crète n'étaient pas très faciles à vivre, à mener et à organiser. Tite avait une œuvre compliquée à gérer. Etre responsable dans une église n'est pas évident. Le pasteur est souvent solitaire à cause des critiques, questions et des doutes de la part des gens de l'extérieure ainsi que l'intérieur. Si vous réfléchissez à devenir un dirigeant, faite attention au fait qu'il sera dur. Dans l'Ancien Testament Moise a dû faire face à plusieurs défis ; la plupart entre eux étaient provoqué pas ses concitoyens, et parfois par sa propre famille (Ex 14.10-12; 16.2; 17.2 & 32).

En Exode 18, Moise le trouva nécessaire à accepter du bon conseil de la part de son beau-père, tout comme Tite en avait besoin de la part de Paul.

V15 : Il est obligatoire que le serviteur fonctionne d'une manière pure et sainte

V16 : Les faux enseignants sont souvent démasqués par leurs actes et leur conduite. Il faut observer de près le comportement de ceux qui enseignent, ainsi que ceux qui aspirent à enseigner. On ne devrait jamais imposer les mains en hâte sur quelqu'un qui n'a pas encore fait preuve du caractère d'un chrétien. Il est souvent le cas que nous présentons deux visages.. Soit public soit prive. Il est avise de prendre le temps à évaluer le message et les mobiles d'une personne avant d'accepter leur doctrines. C'est un thème Paulin important – le souci de prendre soin en nommant des responsables et enseignants.

Tite Chapitre 2: Le Devoir Chrétien

L'auteur s'efforce de guider son jeune collègue, et lui donner beaucoup de conseil. Il est important en tant que jeunes responsables, vous cherchez du bon conseil de la part d'hommes de Dieu et expérimenté dans la vie chrétienne. Un rappel – vous ne savez pas tout...donc l'importance à continuer à apprendre pour toute la durée de notre vie.

Un thème central de cette épitre c'est que Tite doit enseigner la bonne doctrine, surtout afin de se tenir contre les faux docteurs.

Questions

- Qu'est-ce que c'est la saine doctrine?

- Soulignez les aspects de la doctrine chrétienne qui sont essentielle pour bien fonder l'église?

V2 : Ces conseils sont pertinents pour jamais :

   a) Une conduite digne.
   b) Un comportement saint; pas de commérages – la langue sème les divisions.
   c) Une conduite d'amour...l'amour est la clé à tout.
   d) Donner l'exemple – quel que soit votre âge.
   e) Soumettez-vous aux autorités, mais surtout à Christ.

V12 : L'évangile donne nous des ordres à vivre :

   i. Pieusement.
   ii. Désirez des choses en haut et pas en bas.
   iii. Cherchez la justice de Dieu...trop souvent nous essayons à plaire aux hommes.

Questions: Pourquoi notre conduite personnelle est si importante?

Tite nous donne des réponses:

V 5 : Afin que la parole de Dieu ne soit pas déshonore.

V 8 : Afin de priver nos ennemis de l'opportunité de dire du mal de nous.

V 10 : C'est un témoin de la grâce de Dieu.

V 15 : C'est un moyen d'édifier et d'encourager l'église.

QUESTIONS

Vous rendez-vous compte qu'il y a ceux qui vous observent?

Est-ce que votre ministère est pertinent à tous les âges?

Tite Chapitre 3: Une Conduite Chrétienne

V1 « Rappeler » aux gens (aux responsables, anciens, tout chrétien) – nous avons tous besoin d'être rappelle sans cesse de l'obligation d'une sainte conduite. Est-ce que notre but c'est d'être prêt pour toute bonne œuvre?

V2: Attention à votre manière de parler aux gens…parlez à personne avec condescendance, mais respectez tout le monde.

V3: Pourquoi ? Paul a toujours ses raisons….les bons enseignants doivent s'exprimer avec clarté, et à appliquer le texte. L'application est à la base de la croissance de l'église. Lorsque nous parlons aux gens, surtout aux gens de l'extérieure, il nous faut nous rappeler qu'il y avait un temps lorsque nous nous trouvions dans le même bateau, et il a fallu que quelqu'un nous vienne en aide à nous faire comprendre les principes bibliques.

V4 La « bonté » de Dieu ; c'est-à-dire, sa bienveillance, sa douceur en dépit de notre réponse ingrate.

« Amène »- une allusion à notre régénération ou salut – nous avons été né d'en haut ; transformé en Christ. Cette régénération est la porte à la vie d'un disciple (Matt 28.19 – « Allez et faites des disciples ».

Questions

- Quelle différence entre chercher des conversions, et faire des disciples?

- Que peut faire un pasteur pour promouvoir la création des disciples?

v7 Un autre aspect de cette lettre c'est l'eschatologie, et surtout l'espérance du retour de Christ. Nous devons être sur le qui-vive par rapport aux signes autour de nous. Est-ce que Paul pensait que sa vie terrestre s'approchait à sa fin ? Et donc il était plus réaliste au sujet de la mort et la perspective éternelle…souvent les jeunes pensent peu à l'éternité, alors que préparer les gens pour l'éternité soit un élément central dans l'Evangile. Souligner l'éternité est important car :

i.   Paul s'attend sa récompense éternelle.
ii.   Paul avait envie d'établir l'importance de l'eschatologie dans le ministère de Tite.
iii.   Un rappel de l'urgence de l'évangélisation.

iv.   Un défi à la conduite sainte en attendant les noces de Christ et son épouse.

V 9-11 : Fuir des hommes querelleux et les faux enseignants. Il semble que Paul faisait allusion aux juifs car :

   a)   Les généalogies étaient des choses importantes pour les juifs.
   b)   La loi aussi.

V 12-15 : Paul envoie de l'aide pour Tite – il y en a toujours besoin. Evitez le danger d'être un homme/ orchestre. Rappelez-vous que vous appartenez à un corps (1 Cor 12).

Il est important que vous connaissez vos points faibles, et que vous êtes prêt à accepter de l'aide pour épauler votre ministère, et fortifier l'église. Etes-vous disposé à prendre la deuxième place?

V 15 : « que la grâce soit avec vous ».. C'est-à-dire, « que Dieu vous soit favorable ».

Les épitres pastorales méritent d'être lues par tout chrétien, et surtout par les responsables. Ces trois épitres ne sont pas simplement un mode d'emploi pour le fonctionnement de l'église. Mais en même temps, elles fournissent un riche trésor pour aider le pasteur de faire face à sa grande tache de conduire le troupeau de Dieu.

PROJECT: *Construisez un résumé d'un cours pour « disciples » dans l'église locale. Traitez les suivants*

# 1	Qu'est-ce qu'un disciple?
# 2	Le besoin des disciples
# 3	Les éléments de la vie d'un disciple?
# 4	Ecrivez un bref résumé des aspects majeurs que vous voudriez employer dans une église locale.

www.ingramcontent.com/pod-product-compliance
Lightning Source LLC
LaVergne TN
LVHW051710080426
835511LV00017B/2831